「聴・説・読・写」で中国語を身につけよう

初修中国語 演習テキスト

毛興華 著

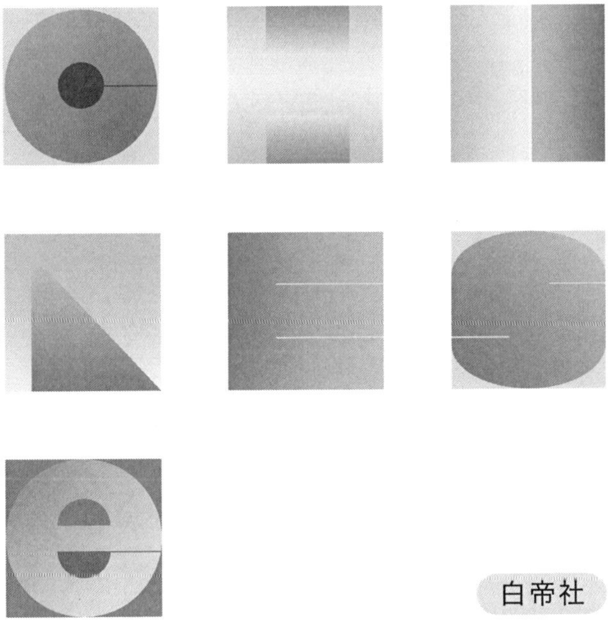

白帝社

WEB 上での音声ファイルダウンロードについて

■ 『「聴・説・読・写」で中国語を身につけよう 初修中国語 演習テキスト』の音声ファイル（MP3）を無料でダウンロードすることができます。
「白帝社」で検索，または下記サイトにアクセスしてください。
https://www.hakuteisha.co.jp/news/n51865.html
※別途ダウンロードアプリや解凍アプリ（Clipbox など）が必要です。
スマートフォンからは上記 URL を直接入力するか，右の QR コードでアクセスすることができます。

■ 本文中の 000 マークの箇所が音声ファイル（MP3）提供箇所です。ファイルは ZIP 形式で圧縮された形でダウンロードされます。

■ ダウンロードがご不便な場合は，実費にて CD に音声を入れてお送りします。下記までご連絡ください。

㈱白帝社　電話 03-3986-3271　E-mail：info@hakuteisha.co.jp

ご注意

＊ 音声の再生には，MP3 ファイルが再生できる機器などが別途必要です。
＊ ご使用機器，音声再生ソフトに関する技術的なご質問は，ハードメーカー，ソフトメーカーにお問い合わせください。

■「参考解答」をダウンロードしてご利用いただけます。必要なページをプリントしたり，タブレット上で開いて使用すれば，より学習効果が高まります。
ぜひご利用ください。
https://www.hakuteisha.co.jp/book/b624307.html

はじめに

本書は、初修中国語の演習クラスで使用するために作成されたテキストである。内容は**『汉语课本』**（白帝社）に準拠しており、**『汉语课本』**で学習した発音や文法の知識などを、「聴（聞く）」「説（話す）」「読（読み解く）」「写（書く）」という4つの言語技能を磨くドリルを通して復習しながら、中国語の運用能力の全面的な向上を目指してほしい。

本編以降の各課は主に、以下の3つの部分から構成されている。

「スキット問題1～4」：並べ替え問題、前後文脈にもとづく穴埋めやリスニング問題を解きながら、各課のスキットを完成する。正解を導き出す過程で、関連する文法形式や語彙の「読」（読解力）と「聴」（聴解力）のブラッシュアップを図る。

「置き換え練習」と「和文中訳」：「置き換え練習」では、スキットから選出された文の一部を他の語句に入れ替えて会話することで、既習文型の運用力の向上と、語彙の補強を目標としている。「和文中訳」では、日本語の文を中国語に訳す練習のほか、発話の一部を自由に変更した上で会話する設問も設けている。これらの練習を通して、「説」（会話力）の上達が期待されている。

「空欄補填」と「作文練習」：第3課以降、会話スキットの内容を第三者の視点から述べる物語文の文章にもとづく「空欄補填」を設けており、また各課の最後にある〈作文練習〉は復習課題として活用することを薦めます。これらの練習問題は、中国語の「写」（ライティグ）の能力を高めることを目的としている。

本書の執筆にあたり、東京大学総合文化研究科の小野秀樹先生、李佳樑先生、東京大学名誉教授の楊凱栄先生、東京大学教養教育高度化機構の賈黎黎先生から貴重なご助言を頂きました。心から謝意を表したい。また、音源の収録にご協力いただいた、賈黎黎先生、東京大学教養学部非常勤講師の王英輝先生と東京大学総合文化研究科院生（当時）の黄若白氏、原稿の校閲、編集、出版にご尽力を賜った白帝社の佐藤多賀子氏にも感謝の意を表したい。

2023年1月

毛 興 華

目 次

表紙デザイン：細谷桃恵

挿絵：トミタ制作室

発音編

第一部分 ——— 声調（四声と軽声）

002

四声：　mā　má　mǎ　mà

四声+轻声：　māma　máma　mǎma　màma

003

◆ 发音练习 1 —— 四声

A. 1）、2）の音声を聞き、発音してみよう。

1）ā　á　ǎ　à　　2）má　mā　mà　má

B. 3）— 6）の音声を聞き、声調符号をつけて、発音してみよう。

3）wa　wa　wa　wa　　4）ni　ni　ni　ni

5）mi　mi　mi　mi　　6）ya　ya　ya　ya

004

◆ 发音练习 2 —— 四声の組み合わせ

A. 1）— 4）の音声を聞き、発音してみよう。

1）māmā　māmá　māmǎ　māmà　2）mámā　mámá　mámǎ　mámà

3）mǎmā　mǎmá　mǎmǎ　mǎmà　4）màmā　màmá　màmǎ　màmà

➡ 第３声の連続変調：p.12 第六部分(1)

B. 5）— 7）の音声を聞き、声調符号をつけて、発音してみよう。

5）麻辣　纳米　哪怕　牙医　垃圾　马达　大吉　咖喱

mala　nami　napa　yayi　laji　mada　daji　gali

6) 马鞍　依法　拔 牙　压力　密码　砝码　秘密　腊八

ma’an　yifa　ba ya　yali　mima　fama　mimi　Laba

7）马大哈　撒哈拉　巴拿马　阿里巴巴

madaha　Sahala　Banama　Alibaba

005

◆ 发音练习 3 —— 四声と軽声の組み合わせ

A. 1）の音声を聞き、発音してみよう。

1）妈妈　　麻利　　喇嘛　　爸爸

māma　　máli　　lǎma　　bàba

B. 2）、3）の音声を聞き、声調符号をつけて、発音してみよう。

2）那里　　搭理　　尾巴　　麻烦　　邋遢　　喇叭　　告诉　　葡萄

nali　　dali　　yiba　　mafan　　lata　　laba　　gaosu　　putao

3）癞蛤蟆　　芭比娃娃　　大爷 大妈　　叽叽嘎嘎

laihama　　Babiwawa　　daye dama　　jijigaga

006

◆ 发音练习 4 ： 音声を聞き、声調符号をつけて、発音してみよう。

1）　你　理发　吗？　　　（あなたは散髪しますか。）

Ni　lifa　ma？

2）　弟弟　慢，　妈妈　骂　他，　弟弟　烦　妈妈。

Didi　man , mama　ma　ta，　didi　fan　mama.

（弟が遅い、母親が彼を叱る、弟が母親〔の説教〕を嫌がる。）

3）　一　把　鼻涕　一　把　泪。　　　（〔泣いて〕鼻水と涙が止まらない。）

Yi　ba　biti　yi　ba　lei.

［課題］パソコンなどの音声入力機能を利用して発音をチェックしよう。

パソコンやスマホ端末などの中国語の音声入力機能をオンにして、以下の部分を中国語で発音してください。正確に発音すれば、対応する漢字が入力されます。（＊端末の種類などによって正確性に若干の差があります。類似する発音を連続して読み上げる場合、連想機能で一つ前の発音に認識されやすいので、うまく出来ない時は少し間をあけてから発音すると改善されます。）

发音练习 2-B、　发音练习 3、　发音练习 4

第二部分 ——— 单母音

a　o　e　i (yi)　u (wu)　ü (yu)　er

007

◆ 发音练习 1 ： 音声を聞き、発音してみよう。

ā	ō	ē	yī	wū	yū	ēr
á	ó	é	yí	wú	yú	ér
ǎ	ǒ	ě	yǐ	wǔ	yǔ	ěr
à	ò	è	yì	wù	yù	èr

008

◆ 发音练习 2 ： 音声を聞き、母音と声調を書き取り、発音してみよう。

①_____　②_____　③_____　④_____　⑤_____　⑥_____

⑦_____　⑧_____　⑨_____　⑩_____　⑪_____　⑫_____

⑬_____　⑭_____　⑮_____　⑯_____

009

◆ 发音练习 3：音声を聞き、母音を書き取り、発音してみよう。

①阿姨　②五一　③俄语　④无误　⑤恶意　⑥育 儿

_____　_____　_____　_____　_____　_____

⑦讹误　⑧尔尔　⑨鳄鱼　⑩义务　⑪抑郁　⑫物语

_____　_____　_____　_____　_____　_____

⑬雨雾　⑭寓意　⑮郁郁　⑯而已

_____　_____　_____　_____

010

□日常用語□

1）甲：你 好！（Nǐ hǎo!）　——　乙：你 好！（こんにちは！）

2）甲：来 啦！（Lái la!）　——　乙：来 啦。

（〔職場や学校などの仲間に軽い感じで〕来たのね！—— 来たよ。）

［課題］パソコンなどの音声入力機能を利用して発音をチェックしよう。

发音练习 3、　日常用語

第三部分 ——— 声母

011

〈 21の声母（子音）〉

b (o)	p (o)	m (o)	f (o)
d (e)	t (e)	n (e)	l (e)
z (i)	c (i)	s (i)	
zh (i)	ch (i)	sh (i)	r (i)
j (i)	q (i)	x (i)	
g (e)	k (e)	h (e)	

012

◆ 发音练习 1：音声を聞き、子音を書き取り、第 1 声で発音してみよう。

1）(　)o　(　)o　(　)o　(　)o

2）(　)e　(　)e　(　)e　(　)e　(　)e　(　)e　(　)e

3）(　)i　(　)i　(　)i　(　)i　(　)i　(　)i　(　)i

4）(　)i　(　)i　(　)i

013

◆ 发音练习 2：音声を聞き、子音を書き取り、発音してみよう。

①瀑布	②马虎	③佛寺	④努力
__ù__ù	__ǎ__u	__ó__ì	__ǔ__ì
⑤日期	⑥歌剧	⑦女婿	⑧特色
__ì__ī	__ē__ù	__ǚ__u	__è__è
⑨自习室	⑩爬 梯子	⑪大吃大喝	⑫不速之客
__ì__í__ì	__á __ī__i	__à __ī __à __ē	__ú __ù __ī __è

014

◆ 发音练习 3：音声を聞き、子音を書き取り、発音してみよう。

①伯伯 —— 婆婆　　②兔子 —— 肚子　　③刻骨 —— 刻苦

__ó__o　__ó__o　　__ù__i　__ù__i　　__è__ǔ　__è__ǔ

④主厨 —— 煮熟　　⑤支出 —— 蜘蛛　　⑥热议 —— 乐意

__ǔ__ú　__ǔ__ú　　__ī__ū　__ī__ū　　__èyì　__èyì

⑦撕扯 —— 施舍　　⑧极致 —— 其次　　⑨夫妻 —— 呼吸

__ī__ě　__ī__ě　　__í__ì　__í__ì　　__ū__ī　__ū__ī

⑩自拟 —— 治理　　⑪思绪 —— 失去　　⑫楚辞 —— 主持

__ì__ǐ　__ì__ǐ　　__ī__ù　__ī__ù　　__ǔ__í　__ǔ__í

015

◆ 发音练习 4：［早口言葉］

四 是 四， 十 是 十， 十四 是 十四， 四十 是 四十。

Sì shì sì, shí shì shí, shísì shì shísì, sìshí shì sìshí.

（四は四、十は十、十四は十四、四十は四十。）

［課題］パソコンなどの音声入力機能を利用して発音をチェックしよう。

发音练习 2、　发音练习 3

第四部分 ——— 二重母音、三重母音

016

ai　ei　ao　ou　　ia　ie　ua　uo　üe

〈 ya　ye　wa　wo　yue 〉

uai　uei (ui)　iao　iou (iu)

〈 wai　wei　yao　you 〉

017

◆发音练习 1：音声を聞き、母音と声調を書き取り、発音してみよう。

___　___　___　___　___　___　___　___　___ ___　___　___　___

j___　m___　h___　b___　ch___　d___

sh___　l___　q___　c___　n___　r___　z___

018

◆ 发音练习 2：音声を聞き、母音と声調を書き取り、発音してみよう。

①黑贝 —— 灰白　②花费 —— 发挥　③物业 —— 预约

h___b___　h___b___　h___f___　f___h___　w___y___　y___y___

④做 贼 —— 走嘴　⑤留学 —— 罗列　⑥佳节 —— 解决

z___　z___　z___z___　l___x___　l___l___　j___j___　j___j___

⑦丢掉 —— 头套　⑧摔倒 —— 摘 桃　⑨醉酒 —— 赘肉

d___d___　t___t___　sh___d___　zh___　t___　z___j___　zh___r___

019

◆ 发音练习 3 [早口言葉]

化肥　会　挥发，　黑　化肥　发 灰，　灰　化肥　发　黑。

Huàféi huì huīfā,　hēi huàféi fā huī,　huī huàféi fā hēi.

（化学肥料が揮発すると、黒い肥料は灰色に変わり、灰色の肥料は黒ずむ。）

020

□日常用語□

1）甲：大家 好！（Dàjiā hǎo !） —— 乙：老师 好！（Lǎoshī hǎo !）

（皆さん、こんにちは！） （先生、こんにちは！）

2）甲：谢谢！（Xièxie !） —— 乙：不 客气。（Bú kèqi.）

（ありがとうございます！） （どういたしまして。）

［課題］パソコンなどの音声入力機能を利用して発音をチェックしよう。

发音练习 2、 发音练习 3、 日常用語

第五部分 ——— 鼻音 n, ng で終わる韻母群

021

an	ang	en	eng
ian (yan)	iang (yang)	in (yin)	ing (ying)
uan (wan)	uang (wang)	un (wen)	(weng)
üan (yuan)		ong	iong (yong)
		ün (yun)	

022

◆ 发音练习 1

A. 音声を聞き、n と ng の違いに注意しながら発音してみよう（それぞれ対応する漢字の日本語の音読みも確認しなさい）。

①饭（飯） 放	②盐（塩） 羊	③碗 网（網）	④烟（煙） 冤
fàn — fàng	yán — yáng	wǎn — wǎng	yān — yuān
⑤门（門） 萌	⑥印 硬	⑦温 翁	⑧运（運） 用
mén — méng	yìn — yìng	wēn — wēng	yùn — yòng

北京の観光名所

万里长城
Wànlǐ Chángchéng

圆明园（円明園）
Yuánmíngyuán

景山 公园（公園）
Jǐngshān Gōngyuán

天安门 广场（広場）
Tiān'ānmén Guǎngchǎng

B. 音声を聞き、韻母と声調を書き取り、発音してみよう。

①m___ — m___ ②q___ — q___ ③h___ — h___ ④x___ — x___

⑤r___ — r___ ⑥l___ — l___ ⑦k___ — k___ ⑧j___ — j___

⑨g___ — g___ ⑩zh___ — zh___ ⑪j___ — j___ ⑫p___ — p___

⑬q___ — q___ ⑭h___ — h___ ⑮g___ — g___ ⑯x___ — x___

023

◆ 发音练习 2：音声を聞き、韻母と声調を書き取り、発音してみよう。

①繁忙 —— 房门　②赚 钱 —— 撞 墙　③全选 —— 抢险

f___m___ f___m___ zh___ q___ zh___ q___ q___x___ q___x___

④红心 —— 恒星　⑤名门 —— 民盟　⑥棕熊 —— 遵循

h___x___ h___x___ m___m___ M___m___ z____x____ z___x___

⑦山川 —— 上 床　⑧忍让 —— 仍然　⑨演员 —— 鸳鸯

sh___ch___ sh___ ch___ r___r___ r___r___ y___y___ y___y___

024

◆ 发音练习 3：［早口言葉］

红 凤凰，　粉 凤凰，　红粉　凤凰，　粉红　凤凰。

Hóng fènghuang, fěn fènghuang, hóngfěn fènghuang, fěnhóng fènghuang.

（赤い鳳凰、ピンクの鳳凰、濃いピンクの鳳凰、ピンクがかった赤の鳳凰）

板凳 宽，　扁担　长，　扁担　绑在　板凳上。

Bǎndèng kuān, biǎndan cháng, biǎndan bǎngzài bǎndèngshang.

（イスは幅広く、天秤棒は長い、天秤棒はイスにくくりつけられている）

025

□日常用語□

1）甲：再见！　（Zàijiàn!）　—— 乙：再见！　（またね！）

2）甲：明天 见！　（Míngtiān jiàn!）　—— 乙：明天 见！　（またあした！）

3）甲：对不起。（すみません。）　（Duìbuqǐ.）　—— 乙：没 关系。（大丈夫です。）　（Méi guānxi.）

4）请 进！　（Qǐng jìn！）　（どうぞお入りください。）

请 坐！　（Qǐng zuò！）　（どうぞおかけください。）

［課題］パソコンなどの音声入力機能を利用して発音をチェックしよう。

发音练习 1A〈北京の観光名所〉、发音练习 2、发音练习 3、日常用語

第六部分 ——— その他（変調とｒ化）

一、変調

（1）第３声の連読変調

nǐ＋hǎo　➔〈 ní hǎo 〉（発音だけ変更し、ピンインの綴りは書き変えない）

026

◆ 发音练习 1

A. 音声を聞き、変調の規則に注意しながら発音してみよう。

shǒuzhǐ	→	shóuzhǐ			手指	（指）
shǒuzhǐ duǎn	→	shóuzhǐ duǎn	→	shóuzhí duǎn	手指 短	（指が短い）
lǎohǔ	→	láohǔ			老虎	（虎）
xiǎo lǎohǔ	→	xiǎo láohǔ	→	xiǎo láohǔ	小 老虎	（子供の虎）
wǒ yě mǎi.	→	wó yě mǎi.	→	wó yé mǎi.	我 也 买。	（私も買う。）
mǎi shǒubiǎo	→	mǎi shóubiǎo	→	mǎi shóubiǎo	买 手表	

（買う＋腕時計 ＝ 腕時計を買う）

B. 音声を聞き、変調の規則に従い、発音してみよう。

liǎng bǎ sǎn	两 把 伞	（２本の傘）
lǎoshǔ pǎo	老鼠 跑	（ネズミが走る）
kǎo yǔfǎ	考 语法	（テストする＋文法＝文法をテストする）
xǐzǎoshuǐ	洗澡水	（お風呂やシャワー用のお湯）
zhǔ shuǐjiǎo	煮 水饺	（茹でる＋水餃子 ＝ 水餃子を茹でる）
wǔ diǎn zhěng	五 点 整	（５時ちょうど）

（2）“不”の変調

027

不 搭	不 答	不 打	不 大
bù dā	bù dá	bù dǎ	bú dà
（釣り合わない）	（答えない）	（殴らない）	（大きくない）

028

◆ 发音练习 2：音声を聞き、“不”に声調を付けた上で発音してみよう。

1）不 看　　不 说　　不 错　　不 写

bu kàn　　bu shuō　　bu cuò　　bu xiě

2）不 去　　不 来　　不 是　　不 对

bu qù　　bu lái　　bu shì　　bu duì

3）不三不四　　不干不净　　不折不扣　　不伦不类

bu sān bu sì　　bu gān bu jìng　　bu zhé bu kòu　　bu lún bu lèi

029

□日常用語□

1）甲：谢谢！　（Xièxie !）　—— 乙：不用 谢。（Búyòng xiè.）

（ありがとうございます。）　（どういたしまして。）

2）甲：好 久 不 见！　（Hǎo jiǔ bú jiàn!）　—— 乙：好 久 不 见！

（お久しぶりです。）

3）甲：不见不散！　（Bú jiàn bú sàn!）　—— 乙：不见不散！

（〔待ち合わせを約束する時の慣用句〕お互い会うまで待ちましょう。）

4）慢 走！不 送。　（Màn zǒu ! Bú sòng.）

（気をつけてお帰りなさい。見送りません〔ここでお別れします〕。）

（3） “一”の変調

030

一

序数や語末などは yī：
（変調なし）

一 号	第 一 课	统一	之 一
yī hào	dì yī kè	tǒngyī	zhī yī
（ついたち）	（第 1 課）	（統一）	（の一つ）

それ以外は yì か yí：
（変調あり）

一 天	一 年	一 秒	一 刻
yì tiān	yì nián	yì miǎo	yí kè
（1 日間）	（1 年）	（1 秒）	（15 分）

031

◆ 发音练习 3：音声を聞き、“一”に声調を付けた上で発音してみよう。

1）

一 本	一 辆	一 毛	一 块	一 千	一 万
yi běn	yi liàng	yi máo	yi kuài	yi qiān	yi wàn
（1 冊）	（1 台）	（0.1 元）	（1 元）	（千）	（1 万）

2）

一共	一起	一致	一窍不通	一心一意
yigòng	yiqǐ	yizhì	yi qiào bù tōng	yi xīn yi yì
（合計で）	（一緒に）	（一致する）	（ちんぷんかんぷん）	（一意専心）

3）

第 一 辆	一 月	专一	一 年级	始终如一
dì yi liàng	yi yuè	zhuānyi	yi niánjí	shǐ zhōng rú yi
（一台目）	（一月）	（一途である）	（一年生）	（初心変わらず）

［課題］ パソコンなどの音声入力機能を利用して発音をチェックしよう。

発音练习 1、 发音练习 2、 日常用語、 发音练习 3

二、r 化

032

- ➢ nà + r → nàr 那儿
- ➢ wán + r → 実際の発音は wár 玩儿
- pái + r → 実際の発音は pár 牌儿
- ➢ qì + r → 実際の発音は qì-er 气儿
- qǔ + r → 実際の発音は qǔ-er 曲儿
- ➢ cí + r → 実際の発音は c-ér 词儿
- shì + r → 実際の発音は sh-èr 事儿
- ➢ míng + r→ 実際の発音は mi-鼻音化-r 名儿

033

◆ 发音练习 1：音声の後について、以下の語を発音してみよう。

哪儿	这儿	昨儿	今儿	明儿	天儿	盖儿	串儿
nǎr	zhèr	zuór	jīnr	míngr	tiānr	gàir	chuànr

皮儿	小鸡儿	小鱼儿	冰棍儿	没 准儿	有 劲儿	眼镜儿
pír	xiǎojīr	xiǎoyúr	bīnggùnr	méi zhǔnr	yǒu jìnr	yǎnjìngr

动画片儿	瓜子儿	板凳儿	玩意儿	男孩儿	年三十儿
dònghuàpiānr	guāzǐr	bǎndèngr	wányìr	nánháir	niánsānshír

034

◆ 发音练习 2：[早口言葉]

吃 葡萄 不 吐 葡萄 皮儿，不 吃 葡萄 倒 吐 葡萄 皮儿。

Chī pútao bù tǔ pútao pír, bù chī pútao dào tǔ pútao pír.

（葡萄を食べて葡萄の皮を吐き出さない。葡萄を食べず、逆に葡萄の皮を吐き出す。）

035

□授業用語□

1）请　看　第　二　页。　（2ページ目を見てください。）
Qǐng kàn　dì'èr　yè.

2）大家　一起　读。　（皆さん一緒に読みましょう。）
Dàjiā　yìqǐ　dú.

3）请　再　说　一　遍。　（もう一度言ってください。）
Qǐng zài shuō yí biàn.

4）这　是　什么　意思？　（これはどういう意味ですか。）
Zhè shì shénme yìsi.

5）有　问题　吗？　（質問がありますか。）
Yǒu wèntí ma ?

— 没有。　（ありません。）
Méiyou.

— 我　有　一　个　问题。　（一つあります。）
Wǒ yǒu yí ge wèntí.

6）明白　了　吗？　（わかりましたか。）
Míngbai le ma ?

— 明白　了。　（わかりました。）
Míngbai le.

— 不　明白。　（わかりません。）
Bù míngbai.

7）今天　的　课　就　到　这里。　（今日の授業はここまでです。）
Jīntiān de　kè　jiù　dào　zhèli.

8）课　后　要　复习、预习。　（授業後、復習・予習しなければならない。）
Kè hòu yào fùxí, yùxí.

［課題］パソコンなどの音声入力機能を利用して発音をチェックしよう。

発音练习 1、　发音练习 2、　授業用語

本 編

第一课　我们 加 微信，好 吗？

文法ポイント：動詞述語文、人称代名詞、指示詞、“也”、“的”、“吗”、数字の言い方
表現ポイント：名前・学部・学年の言い方、漢字の説明方法、SNS に知り合いを招待したい時の言い方

036

■生 词■

哟	yō	あれ・おぉ（軽い驚きを表す）
去	qù	行く
食堂	shítáng	食堂
日语	Rìyǔ	日本語
老师	lǎoshī	先生、教師
语伴	yǔbàn	語学パートナー
叫	jiào	（人や物の名前・名称は）…という
口	kǒu	口
自己	zìjǐ	自分
过敏	guòmǐn	アレルギー；敏感すぎる
中文	Zhōngwén	中国語
系	xì	学部、研究科
班	bān	クラス
哦	ò	おぉ（相づちで用いる）
对了	duìle	（言うべきことを思い出して）（あっ）そうだ
加(1)	jiā	（SNS 上の友達に）招待する
微信	Wēixìn	ウィーチャット（中国のメッセージアプリ）
账号	zhànghào	アカウント、（銀行預金などの）口座番号
零	líng	ゼロ
名字	míngzi	名前
加(2)	jiā	加える、プラスする
结婚	jié//hūn	結婚する
好	hǎo	（応答）はい、わかった
稍	shāo	少々
等	děng	待つ
头像	tóuxiàng	（SNS などの）ユーザーアイコン
猫	māo	猫

【人名】

王 近东　Wáng Jìndōng　（人名）王近東
吴 自敏　Wú Zìmǐn　（人名）呉自敏
田中 美结 Tiánzhōng Měijié　（人名）田中美結
贾 国强　Jiǎ Guóqiáng　（人名）賈国強

1. 並べ替え：［ ］内の単語に単音節語を一語加えて、日本語の意味になるように単語を並べ替えて文を完成しよう。

① 彼の名字は呉ではなく、賈です。　［姓、姓、他、贾、吴］

____

② こちらは私の日本語の先生です。　［日语、我、是、的、老师］

____

③ 君のウィーチャットはこれですか。　［微信、是、个、的、你、这］

____

④ 私の（母方の）おじは中国語学部の先生です。
［中文、舅舅、老师、是、我、系］

____

⑤ 私は彼に教えて、彼も私に教える。　［我、我、他、他、教、教］

____

2. 問題１の①―⑤の文を会話として成り立つように適切な位置の下線部イ.～ホ.に入れてみよう。

王近东：哟！自敏！去 食堂 吗？

吴自敏：近东！我（a.　　　　　　　　　　）。……这 位 是？

王近东：イ.______________________ 田中 美结。

田中　：不 是，不 是，我们 是 语伴。ロ.______________________

吴自敏：你 好！我 叫 吴 自敏。口 天 吴，自己 的 自，过敏 的 敏。

田中　：你 好，你 好！我（b.　　　　　　　　　　）。

吴自敏：是 吗！八.______________________　二.____________________

田中　：是 贾 国强 老师 吗？他 教 二 年级，（c.　　　　　　　　　）。

吴自敏：哦。…… 对了！我们 加 微信，好 吗？

田中　：好！账号 是 我 的 名字 加 生日 ——

　　田中 美结 零 四 二 九，（d.　　　　　　　　），结婚 的 结。

吴自敏：好，稍 等。（携帯を見せながら）ホ.________________________

田中　：是，头像（e.　　　　　　　　　　　）。

037

3. 会話を聞き、以下の質問に対する回答を簡体字で書いてみよう（同時に問題 4 に取り組んでみよう）。

① 吴 自敏 去 食堂 吗？

____

② 田中 是 日语 系 的 学生 吗？

____

③ 贾 国强 老师 教 田中 吗？

____

④ Tiánzhōng Měijié 的 “měi” 的 汉字（Hànzì：漢字）是 哪个？

____

⑤ 田中 的 微信 头像 是 她 自己 吗？

____

037

4. 会話を聞き、問題２の（　）a.～e.の中に入る語句を簡体字で書き取ってみよう。

5. 置き換え練習：下線部をほかの語句に置き換えて、ペアで会話練習をしてみよう（与えられた語以外の語句を使っても良い）。

⑴ A: 你 去① 食堂② 吗？

B: 我 不 去① 食堂②，去① 图书馆②。

① 移動動詞：来、 去、 回 ② 行き先　：厕所、 健身房、 学校、 公司、 家、 宿舍 （例：去 厕所 / 回 宿舍 / 来 学校）

回	huí	帰る、戻る
厕所	cèsuǒ	トイレ
健身房	jiànshēnfáng	ジム
宿舍	sùshè	寮

⑵ A: 他 是 你 的 日语 老师① 吗？

B: 不 是②，我 教③ 他，他 也 教③ 我。

① 朋友、 男朋友、 女朋友、 语伴 ② 是、 不 是 ③（不）认识、（不）爱、（不）喜欢、（不）教 （例：我 不 认识 他，他 也 不 认识 我。）

朋友	péngyou	友達
男朋友	nánpéngyou	ボーイフレンド
女朋友	nǚpéngyou	ガールフレンド
认识	rènshi	知り合いである
爱	ài	愛する、好きである
喜欢	xǐhuan	好きである

⑶ A: 您 好！我 叫 吴 自敏①，

口 天 吴，自己 的 自，敏感 的 敏②。

B: 您 好！我 叫 田中 美结①，美国 的 美，结婚 的 结②。

① 人名：李 明、　张 红、　孙 志刚、　村上 辽太郎
Lǐ Míng　Zhāng Hóng　Sūn Zhìgāng　Cūnshàng Liáotàiláng

②（偏（へん）と旁（つくり）に分けて説明）木 子　李、弓 长　张
mù zǐ　gōng cháng

（ほかの言葉で説明）明天、红叶、胸无大志、金刚、孙 悟空
村上 春树、辽阔

（例：村上 春树 的 “村上”。）

［拡張練習］自分の名前を説明してみよう。（わからない時、辞書で調べたり教員にたずねたりしてみよう。）＊国字などの説明方法（例）：“辻”（shí）是 走之 加 “十”。

Memo：

明天	míngtiān	明日
红叶	hóngyè	紅葉
胸无大志	xiōng wú dà zhì	大志や夢を持っていない
金刚	Jīngāng	金剛力士
孙 悟空	Sūn Wùkōng	（人物名）孫悟空
村上 春树	Cūnshàng Chūnshù	（人名）村上春樹
辽阔	liáokuò	果てしなく広い
走之	zǒuzhī	しんにょう

⑷ A: 我 是 中文① 系 一 年级② 的 留学生③。

B: 是 吗，我 是 日语① 系 二 年级② 的 学生③。

① 専門：文学、 历史、 经济、 法律
医学、 农学、 物理、 工学、 数学
② 学年：＊学部生の場合は“大一/大二/大三/大四”とも言う
③ 学籍上の身分：本科生、 硕士生、 博士生
（例：我 是 物理 系 一 年级 的 硕士生。）

［拡張練習］自分の専門（所属学部）と学年を言ってみよう。
＊これから目指したい専門や学部・学科を想定し話しても良い。

Memo：＿＿＿＿＿＿＿＿＿＿＿＿＿＿＿＿＿＿＿＿＿＿＿＿＿＿＿＿＿＿

历史	lìshǐ	歴史
经济	jīngjì	経済
法律	fǎlǜ	法律
医学	yīxué	医学
农学	nóngxué	農学
工学	gōngxué	工学
数学	shùxué	数学
本科生	běnkēshēng	学部生
硕士生	shuòshìshēng	修士課程の大学院生
博士生	bóshìshēng	博士課程の大学院生

⑸ A: 你 的 微信① 是 这个 吗?

B: 是，账号 是 我 的 生日 加 名字②，

头像 是 我 家 的 猫③。

① 脸书、 推特、 微博
② 电话、 偶像、 爱好
③ 狗、 宠物、 风景、 街景、 照片、 卡通 人物
（＊②③の下線部はそのまま与えられた単語で置き換えず、それらの単語を使用して自由に作文してみよう。）
（例：账号 是 我 偶像 的 生日。头像 是 上海 的 街景。）

［拡張練習］自分の SNS について説明してみよう。（＊架空の情報でも良い）

Memo：

脸书	Liǎnshū	フェイスブック
推特	Tuītè	ツイッター
微博	wēibó	ウェイボー（中国の SNS の一つ）
电话	diànhuà	電話
偶像	ǒuxiàng	憧れの対象、アイドル
爱好	àihào	趣味
狗	gǒu	犬
宠物	chǒngwù	ペット
风景	fēngjǐng	（自然の）景色、風景
街景	jiējǐng	町の風景
照片	zhàopiàn	写真
卡通	kǎtōng	アニメーション
人物	rénwù	人物、キャラクター

6. 和文中訳：中国語に訳し、漢字（簡体字）で書いてみよう。

① 彼は賈国強と言いますが、彼の連れ合いの名字は賈ではない。

訳：

② あなた達の寮はあれですか。

訳：

③（あなたは）私に教えてください、いいですか。（技能や知識を教授してほしい場合）

訳：

④ 私はトイレに行きます。少々お待ちください。

訳：

7. 置き換え練習：下線部を置き換えて、会話をしてみよう（＊下線部以外の内容も、必要に応じてある程度変更しても良い）。

A：您 好，我 叫 吴 自敏，口 天 吴，自己 的 自，敏感 的 敏。

B：您 好。我 叫 田中 美结，美国 的 美，结婚 的 结。

A：我 是 日语 系 二 年级 的 学生。

B：是 吗。我 是 中文 系 一 年级 的 留学生。

A：对了！我们 加 微信，好 吗？

B：好！我 的 账号 是 我 的 名字 加 生日 ——
田中 美结 零 四 二 九。

A：稍 等，……你 的 微信 是 这个 吗？

B：是。头像 是 我 家 的 猫。

8. 作文練習：自己紹介文を作ってみよう。

038

（文例）

大家 好！ 我 叫 孙 悟空。
Dàjiā hǎo！ Wǒ jiào Sūn Wùkōng.

孙 是 孙子 的 孙，悟 是 沙 悟净 的 悟， 空 是 空气 的 空。
Sūn shì sūnzi de sūn, wù shì Shā Wùjìng de wù, kōng shì kōngqì de kōng.

我 是 佛学 系 三 年级 的 留学生， 推特 账号 是
Wǒ shì fóxué xì sān niánjí de liúxuéshēng, Tuītè zhànghào shì

“孙 悟空 五 零 零”， 头像 是 印度 的 风景。
Sūn Wùkōng wǔ líng líng, tóuxiàng shì Yìndù de fēngjǐng.

请 多 指教。
Qǐng duō zhǐjiào.

◇語彙◇

大家：皆さん
孙子：孫
沙悟净：沙悟浄
空气：空気
佛学：仏教学
印度：インド

第二课　咱们几点见?

文法ポイント：“（没）有”、疑問詞“谁”“几”“什么”、時間表現、助動詞“想”、方位詞、接続詞“和”

表現ポイント：電話をかける、時間上の都合について話す、願望を述べる、食事をご馳走する申し出と対応、ある地点を基準に事物の存在場所を説明する

039

■生 词■

喂	wéi	もしもし
号	hào	番号（“号码 hàomǎ”とも）
知道	zhīdao	知っている
事儿	shìr	用件
开通	kāitōng	開通する
支付宝	Zhīfùbǎo	アリペイ（中国のオンライン決済サービス）
需要	xūyào	必要としている
银行	yínháng	銀行
校园	xiàoyuán	キャンパス
小区	xiǎoqū	集合住宅地、団地
哎呀	āiya	まあ（困惑や不満などを表す）
一起	yìqǐ	一緒に
不过	búguò	でも
后天	hòutiān	あさって
安排	ānpái	予定；手配する
行	xíng	よろしい、大丈夫だ
对	duì	そうだ、そのとおりだ、正しい
见	jiàn	会う
午饭	wǔfàn	昼飯
请	qǐng	おごる、ご馳走する
客人	kèren	客

1. 並べ替え： ［ ］内の単語に単音節語を一語落として、日本語の意味になるように単語を並べ替えて文を完成しよう。

① 南門の向かいには一つの団地がある。

［小区、里、对面、一、个、有、南门 ］

____

② 私はあなたに感謝したい。　［谢谢、你、我、是、想 ］

____

③ 私達のキャンパスに銀行はありますか。

［银行、校园、咱们、有、里、是、吗 ］

____

④ あさっては土曜日で、銀行は休みだ。

［星期、六、银行、后天、有、休息 ］

____________________，____________________

⑤ 私はあなたと一緒に行きます。　［一起、你、我、和、们、去 ］

____

2. 問題１の①―⑤の文を会話として成り立つように適切な位置の下線部イ.～ホ.に入れてみよう。

田中：喂，近东，我 是 美结。你 现在 有 时间 吗？

近东：我（a.　　　　　　　　　　），知道 是 你。

我 今天 没 课，什么 事儿 啊？

田中：我 想 开通“支付宝”，（b.　　　　　　　　　　　　　　）。

イ.____________________________

近东：校园里 没有。ロ.__________________ 小区 的 东边儿 有 一 个。

田中：哎呀，我（c.　　　　　　　　　　）。

近东：哦 …… 那 ハ.____________________ 不过，银行 五 点 下班。

田中：（時計を見て） 哎呀，现在 四 点 三 刻。你 后天 有 安排 吗？

近东：二.______________________________ 你 明天 不 行 吗？

田中：也 对，日本 的 银行 也 是。那 明天 也 行。咱们 几 点 见？

近东：你们（d.　　　　　　　　　　　　　），行 吗？

田中：行。明天 的 午饭 我 请 你，好 吗？ホ.______________________

近东：那 不 行。（e.　　　　　　　　　　　），我 请 你。

040

3. 会話を聞き、以下の質問に対する回答を簡体字で書いてみよう（同時に問題 4 に取り組んでみよう）。

① 近东 为 什么（wèi shénme:なぜ） 知道 那 是 田中 的 电话？

____

② 开通 “支付宝” 需要 什么？

____

③ 近东 为 什么 和 田中 一起 去 银行？

____

④ 他们 明天 几 点 见？

____

⑤ 近东 为 什么 想 请 田中？

____

040

4. 会話を聞き、問題２の（　）a.〜e.の中に入る語句を簡体字で書き取ってみよう。

5. 置き換え練習：下線部をほかの語句に置き換えて、ペアで会話練習をしてみよう（与えられた語以外の語句を使っても良い）。

⑴ A: 喂，近东①，我 是 美结①，你 现在② 有 时间③ 吗？

B: 我 今天② 没 课③，什么 事儿 啊？

① *自分の名前と会話する相手の名前に置き換えてみよう。
② 時間詞：明天、　后天、　星期〜、　〜月〜号、
　　早上、　上午、　中午、　下午、　晚上
③ 没 事儿、 没 安排、 没 工作、 没 打工、 有 空儿
（例：我 明天 晚上 没 安排。）

上午	shàngwǔ	午前中
中午	zhōngwǔ	お昼、正午
下午	xiàwǔ	午後
工作	gōngzuò	仕事（する）
打工	dǎ//gōng	アルバイト（する）
空儿	kòngr	暇な時間

⑵ A: 咱们 校园里 有 银行① 吗?

B: 没有②，南门③ 对面④ 有 一 个 银行①。

① 超市、书店、图书馆、食堂、体育场、车站、便利店、麦当劳
② 有、没有
③＊地図を見て、基準となる地点を選定してみよう。
④ 前边儿、后边儿、东边儿、南边儿、西边儿、北边儿、旁边儿
（例：有，二 号 馆 后边儿 有 一 个 体育场。）

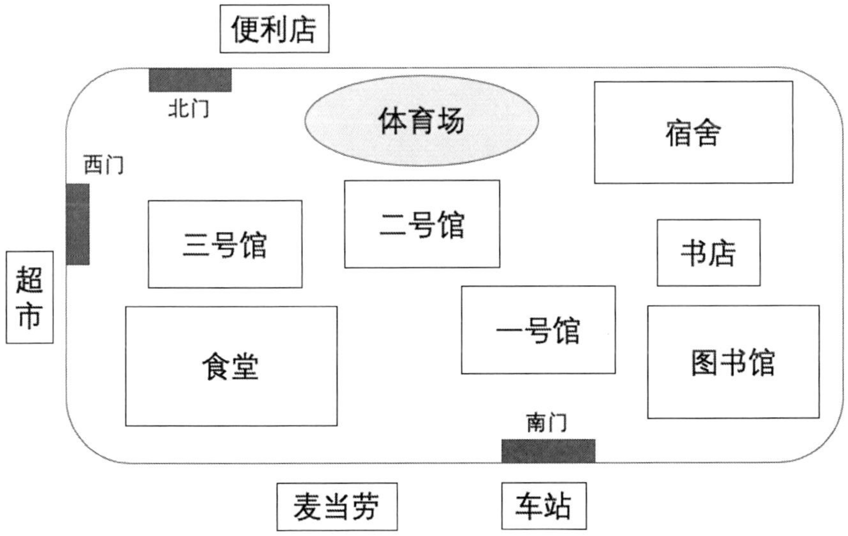

超市	chāoshì	スーパーマーケット
书店	shūdiàn	本屋
体育场	tǐyùchǎng	運動場、スタジアム
麦当劳	Màidāngláo	マクドナルド

⑶ A: 我 想 开通 “支付宝”①。

B: 开通“支付宝”① 需要 银行 账号② 和 手机 号②。

① 去 国外、　买 车、　谈 恋爱、　结婚、　开 公司
② 护照/签证、钱/停车位、时间/对象、忍耐力/勇气、点子/人脉
（例：去 国外 需要 护照 和 签证。）

国外	guówài	国外
车	chē	車（列車や自転車などをさすこともある）
谈 恋爱	tán liàn'ài	恋愛する
开	kāi	（企業などを）創設する、運営する
护照	hùzhào	パスポート
签证	qiānzhèng	ビザ
钱	qián	お金
停车位	tíngchēwèi	駐車スペース
对象	duìxiàng	対象；（結婚や恋愛の）相手
忍耐力	rěnnàilì	忍耐力
勇气	yǒngqì	勇気
点子	diǎnzi	アイディア
人脉	rénmài	人脈

⑷ A: 我 和 你 一起 去。银行① 五 点② 下班③，咱们 几 点 见？

B: 你们 宿舍 前边儿④，上午 十 点②。行吗？

① 商场、 公园、 餐厅、 比赛、 演出
② 時間詞：*中国語では普通 12 時間制で時刻を述べる。複数の解釈を避けるために“早上、上午、中午、下午、晚上”を付けることが多い。
③ 开门、 关门、 营业、 开始
④ 置き換え練習⑵の地図（p.31）を見て話してみよう。

商场	shāngchǎng	デパート、百貨店
公园	gōngyuán	公園
餐厅	cāntīng	レストラン
演出	yǎnchū	公演（する）
营业	yíngyè	営業する
开始	kāishǐ	開始（する）、始まる、…し始める

⑸ A: 明天① 的 午饭② 我 请 你。

B: 那 不 行。你 是 客人③，我 请 你。

／ 谢谢，那 后天① 的 电影② 我 请 你。

① 時間詞：自由に時間詞を入れてみよう。
② おごる内容：晚饭、 自助餐、 卡拉 OK、
比赛 门票、 演出 门票、 公园 门票
③ 学生、 晚辈、 女士
（例：谢谢，那 星期 天 的 演出 门票 我 请 你。）

电影	diànyǐng	映画
晚饭	wǎnfàn	夕食
自助餐	zìzhùcān	バイキング、食べ放題
卡拉 OK	kǎlā OK	カラオケ
门票	ménpiào	入場券
晚辈	wǎnbèi	世代または親族関係で目下の者
女士	nǚshì	女史、レディー（女性に対する尊称）

6. 和文中訳：中国語に訳し、漢字（簡体字）で書いてみよう。疑問文の場合はさらにその文に答えてみよう。

① 私もそうです。

訳：＿＿＿＿＿＿＿＿＿＿＿＿＿＿＿＿＿＿＿＿

② あなたは私が誰だかわかりますか。

訳：＿＿＿＿＿＿＿＿＿＿＿＿＿＿＿＿＿＿＿＿

答：＿＿＿＿＿＿＿＿＿＿＿＿＿＿＿＿＿＿＿＿

③ あなたは今晩どんな予定がありますか。

訳：＿＿＿＿＿＿＿＿＿＿＿＿＿＿＿＿＿＿＿＿

答：＿＿＿＿＿＿＿＿＿＿＿＿＿＿＿＿＿＿＿＿

④ あなたは何曜日に休みますか。

訳：＿＿＿＿＿＿＿＿＿＿＿＿＿＿＿＿＿＿＿＿

答：＿＿＿＿＿＿＿＿＿＿＿＿＿＿＿＿＿＿＿＿

⑤ 私はあしたはダメですが、あなたは日曜日はよろしいですか。

訳：＿＿＿＿＿＿＿＿＿＿＿＿＿＿＿＿＿＿＿＿

答：＿＿＿＿＿＿＿＿＿＿＿＿＿＿＿＿＿＿＿＿

7. 置き換え練習：下線部を置き換えて、会話をしてみよう（＊下線部以外の内容も、必要に応じてある程度変更しても良い）。

A：喂，近东，我 是 美结。你 现在 有 时间 吗？

B：我 今天 没 课，什么 事儿 啊？

A：咱们 校园里 有 银行 吗？

B：校园里 没有。南门 对面 有 一 个。我 和 你 一起 去。

A：谢谢，那 你 后天 有 安排 吗？

B：后天 星期 六，银行 休息。你 明天 不 行 吗？

A：明天 也 行。那 咱们 几 点 见？

B：你们 宿舍 前边儿，十 点 见。行 吗？

A：行。那 明天 的 午饭 我 请 你。

B：那 不 行。你 是 客人 ，我 请 你。

8. 作文練習：自宅などの周辺の環境や施設を紹介する文章を書いてみよう（営業時間などを入れればなお良い）。

041

（文例）

近东 家 北边儿 有 一 个 公园， 早上 六 点 半 开门，
Jìndōng jiā běibianr yǒu yí ge gōngyuán, zǎoshang liù diǎn bàn kāimén
晚上 八 点 关门。 西边儿 有 一 个 湖，南边儿 是 一 个
wǎnshang bā diǎn guānmén, xībianr yǒu yí ge hú, nánbianr shì yí ge
广场。 广场 的 南边儿 有 一 个 地铁 站， 东边儿 是
guǎngchǎng. Guǎngchǎng de nánbianr yǒu yí ge dìtiě zhàn, dōngbianr shì
一 个 博物馆。博物馆 星期 一 不 开门。
yí ge bówùguǎn. Bówùguǎn xīngqī yī bù kāimén.

◇語彙◇

广场：広場

地铁 站：地下鉄の駅

第 三 课　现在 一般 骑 共享单车。

文法ポイント：動詞“在”、場所の指示詞、聞き返しの“呢”、動詞句＋“的”＋名詞、連動文、提案の“吧”、時間詞

表現ポイント：誘いかけ、知り合いに出会った時の挨拶

042

■生 词■

自行车	zìxíngchē	自転車
走路	zǒu//lù	歩く
教学楼	jiàoxuélóu	教室棟
要	yào	必要である、かかる
共享单车	gòngxiǎng dānchē	共用自転車、シェアサイクル
门口儿	ménkǒur	出入り口の前
许多	xǔduō	多くの
黄色	huángsè	黄色
说	shuō	言う、話す
一般	yìbān	普通、一般
骑	qí	（またがって）乗る
必要	bìyào	必要、必要である
用	yòng	用いる、使う
实名	shímíng	実名
认证	rènzhèng	認証する
身份	shēnfèn	身分
证件	zhèngjiàn	証明書類
啊	á	え～（驚きを表す）
算了	suànle	やめにする；まあ、いいや
还是	háishi	やはり

1. 並べ替え： ［ ］内の単語に単音節語を一語加えて、日本語の意味になるように単語を並べ替えて文を完成しよう。

① 私は自転車を買いに学校の向かいのデパートに行く。

［ 学校、自行车、商场、对面、买、我、的 ］

＿＿＿＿＿＿＿＿＿＿＿＿＿＿＿＿＿＿＿＿＿＿＿＿＿＿＿＿＿＿

② あなたの言う「共用自転車」はそれですか。

［ 共享单车、你、个、吗、是、说、那 ］

＿＿＿＿＿＿＿＿＿＿＿＿＿＿＿＿＿＿＿＿＿＿＿＿＿＿＿＿＿＿

③ 教室棟まで歩いて来るには 10 分かかる。［分、来、走路、教学楼、十、钟］

＿＿＿＿＿＿＿＿＿＿＿＿＿＿＿＿＿＿＿＿＿＿＿＿＿＿＿＿＿＿

④ 私はやはり自転車を買って乗ろう。　［ 车、买、还是、我、骑 ］

＿＿＿＿＿＿＿＿＿＿＿＿＿＿＿＿＿＿＿＿＿＿＿＿＿＿＿＿＿＿

⑤ 身分証明と中国の携帯番号で認証する。

［ 身份证件、号、中国、手机、和、认证、的 ］

＿＿＿＿＿＿＿＿＿＿＿＿＿＿＿＿＿＿＿＿＿＿＿＿＿＿＿＿＿＿

2. 問題 1 の①―⑤の文を会話として成り立つように適切な位置の下線部イ.～ホ.に入れてみよう。

近东：哟！ 田中！ 去 上 课 吗？

田中：近东，自敏！ イ.＿＿＿＿＿＿＿＿＿＿＿＿＿＿＿＿＿＿ 你们 呢？

近东：我们 没 事儿。你 去 买 自行车？

田中：是 啊。我们（a.　　　　　　　　　），ロ.＿＿＿＿＿＿＿＿＿＿＿＿＿＿＿

自敏：（b.　　　　　　　　　）共享单车 吗？

田中：（c.　　　　　　　　　）自行车。ハ.＿＿＿＿＿＿＿＿＿＿＿＿＿＿＿＿＿

自敏：对！ 现在 一般 骑 那个，（d.　　　　　　　　　）。

近东：不过 用 共享单车 （e.　　　　　　　　　）。

自敏：对。ニ.＿＿＿＿＿＿＿＿＿＿＿＿＿＿＿＿＿＿＿＿＿

田中：啊?! 我 没有 中国 的 手机 号。

算了，ホ.________________

043

3. 会話を聞き、以下の質問に対する回答を簡体字で書いてみよう（同時に問題 4 に取り組んでみよう）。

① 田中 的 宿舍 在 哪儿?

____

② 田中 宿舍 附近（fùjìn：近く） 的 共享单车 在 哪儿?

____

③ 田中 宿舍 附近 的 共享单车 是 什么 颜色?

____

④ 吴 自敏 觉得（juéde：～と思う） 买 自行车 有 必要 吗?

____

⑤ 用 共享单车 需要 什么?

____

043

4. 会話を聞き、問題 2 の（ ）a.～e.の中に入る語句を簡体字で書き取ってみよう。

5. 置き換え練習： 下線部をほかの語句に置き換えて、ペアで会話練習をしてみよう（与えられた語以外の語句を使っても良い）。

⑴ A: 哟！田中①！去② 上 课③ 吗？

B: 近东①！我 去② 学校④ 对面⑤ 的 商场④ 买 自行车③。你 呢？

A: 我 没 事儿 （②～⑤の全部または一部を使って答えてみよう）。

①	＊自分の名前と会話する相手の名前に置き換えてみよう。
②	移動動詞：来、 去、 回
③	日常活動：吃饭、打工、买 东西、散步、自习、锻炼、睡觉
④	場所・施設：家、宿舍、公园、饭馆儿、补习班、体育馆
⑤	方位・位置：前边儿、后边儿、外边儿、东边儿、西边儿 南边儿、北边儿、旁边儿、对面 （例：你 呢？—— 我 去 宿舍 旁边儿 的 体育馆 锻炼。）

吃饭	chī//fàn	食事する
东西	dōngxi	もの、品物
散步	sàn//bù	散歩する
自习	zìxí	自習する
锻炼	duànliàn	鍛える
睡觉	shuì//jiào	睡眠を取る、寝る
饭馆儿	fànguǎnr	レストラン
补习班	bǔxíbān	塾
体育馆	tǐyùguǎn	体育館

⑵ A: 你们 宿舍① 在 哪儿?

B: 在 西门 旁边儿②，走路③ 来④ 学校 要 十 分 钟⑤。

① 你 家、 你 打工 的 地方、 你 爸爸 的 单位
② 涩谷、 新宿、 东京 站（方位詞を使用する場合⑴⑤を参照）
③ 移動手段：骑 车、 坐 车、 开 车
④ 移動動詞：来、 去、 到
⑤ 時間の単位：……（个）小时、……分钟
（例:（我家）在 新宿 站 附近，坐 车 来 学校 要 半 个 小时。）

地方	dìfang	場所、ところ
单位	dānwèi	職場
涩谷	Sègǔ	渋谷
站	zhàn	…駅
坐	zuò	（車、電車、飛行機などに）乗る
开	kāi	運転する
到	dào	着く、…まで移動する

⑶ A: 共享单车 的 账号① 用② 什么 认证③?

B: 用② 身份证件 和 中国 的 手机 号④ 认证③。

① 你 买 东西、 你 和 朋友、 你 吃 饺子、 你 找 男/女朋友
② 手段・方式・基準を表す動詞：用、 蘸、 根据
③ 目的：支付、 联系、 吃、 找
④ 手段・基準など：信用卡、现金、手机、微信、邮件、酱油、醋、辣油、长相、身高、性格、家庭背景
（例：（我 吃 饺子）蘸 醋 吃。）

找	zhǎo	探す、求める
蘸	zhàn	(液体や粉末などに) さっとつける
根据	gēnjù	…に基づいて、拠り所 (とする)
支付	zhīfù	支払う
联系	liánxì	連絡する
信用卡	xìnyòngkǎ	クレジットカード
现金	xiànjīn	現金
酱油	jiàngyóu	醤油
醋	cù	酢
辣油	làyóu	ラー油
长相	zhǎngxiàng	顔だち、容貌
身高	shēngāo	身長
性格	xìnggé	性格
家庭	jiātíng	家庭
背景	bèijǐng	背景、バックグラウンド

⑷ A: 现在 一般 骑 共享单车① 出行②。

B: 是 啊，没有 买 自行车③ 的 必要④。

①	手段A：	上网、	叫 外卖、	坐 公交车、	用 微信
②	目的：买 东西/看 电影、		吃、	上下班、	联系
③	手段B：去 实体店/电影院、		做饭、	开 车、	打 电话
④	机会、 时间、 必要				

(例：现在 一般 叫 外卖 吃。)

上网	shàng//wǎng	インターネットを利用する
出行	chūxíng	外出する
叫	jiào	(出前を) 注文する
外卖	wàimài	出前
公交车	gōngjiāochē	路線バス
上下班	shàngxià//bān	通勤する
实体店	shítǐdiàn	(ネットショップに対して) 実店舗
打	dǎ	(電話を) かける
机会	jīhuì	機会、チャンス

6. 和文中訳：中国語に訳し、漢字（簡体字）で書いてみよう。さらに④⑤は下線部を他の語句に置き換えて、中国語で会話をしてみよう。

① いいや、やはりあなたに教えよう。　（教える：告诉 gàosu）

訳：

② あら！食事に行くの？

訳：

③ 今日私たちは一緒に帰りましょう。

訳：

④ 問：私の自転車はどこですか。

訳：

答：あなたの自転車は彼のところにあります。

訳：

⑤ 問：これはあなたが買った本ですか。

訳：

答：

7. 空欄補充：（　）a.～l.内の空欄を埋め、本文に基づいて田中さんにまつわる出来事を、第三者の視点から（なるべく対応する和訳に頼らずに）述べなさい。下線部イ.～ハ.には下記［　］内の接続詞を入れること。

田中想去（a.　　　　　　）买（b.　　　　　）。イ.______他们宿舍在（c.　　　　　），走路来（d.　　　　　　）要（e.　　　　　　）。现在一般骑（f.　　　），没有（g.　　　　　　）的必要。ロ.______骑（h.　　　　　　）需要用（i.　　　　　　）和中国的手机号（j.　　　　　　）的账号。田中没有中国的手机号，ハ.______她（k.　　　　　）买车（l.　　　）。

［ 因为（yīnwèi：なぜなら）、 所以（suǒyǐ：だから）、 不过 ］

〈和訳〉：田中さんは学校の向こうのデパートに自転車を買いに行きたいと思っている。何故なら彼らの寮は西門の隣にあり、教室棟まで歩いて来るのに 10 分かかるからだ。昨今共用自転車を利用するのが一般的で、自転車を買う必要はない。しかし、共用自転車に乗るには、身分証明と中国の携帯番号で実名認証したアカウントが必要になる。田中さんは中国の携帯番号を持っていないので、やはり自転車を買って乗ることにした。

8. 作文練習： 日常生活の中の変化を述べてみよう。

044

（文例）

现在，　　中国　　的　　年轻人　 一般　 上网　　买 东西，
Xiànzài　Zhōngguó　de niánqīngrén yìbān shàngwǎng mǎi dōngxi,

没有　去 实体店 的 必要。 不过　上网　 买　东西 需要　电脑
méiyou qù shítǐdiàn de bìyào. Búguò shàngwǎng mǎi dōngxi xūyào diànnǎo

或 手机， 没有　手机 和　电脑 的 人 还是 去 实体店 买。
huò shǒujī, méiyou shǒujī hé diànnǎo de rén háishi qù shítǐdiàn mǎi.

◇語彙◇

年轻人：若者

或：あるいは

第四课　在哪儿自习好啊?

文法ポイント：前置詞“在”、動詞接尾辞“了”、形容詞の用法、数詞＋量詞＋名詞、動作量の表現、指示詞（＋数詞）＋量詞＋名詞、副詞“都”

表現ポイント：事物を評価する、困っていることについてアドバイスを求める

045

■生 词■

结实	jiēshi	丈夫である
真	zhēn	本当に、実に、まことに
不错	búcuò	良い、素晴らしい
欸	éi	ねえ（注意喚起に用いる）
干	gàn	やる
一会儿	yíhuìr	しばらくの間
作业	zuòyè	宿題
特别(1)	tèbié	非常に、とても
座位	zuòwèi	席、座席
留	liú	（宿題を）出す
篇	piān	文章などを数える量詞
报告	bàogào	レポート；報告（する）
一些	yìxiē	若干、いくつか
比较	bǐjiào	比較的に、割と
空	kōng	すいている
马路	mǎlù	（歩行者用以外の）道路、主に自動車道

1. 並べ替え： ［ ］内の単語に単音節語を一語加えて、日本語の意味になるように単語を並べ替えて文を完成しよう。

① どの教室棟にも授業のない教室が若干ある。

［ 教室、课、教学楼、一些、没、有、的、里 ］

____

② この自転車はとても丈夫で、しかも高くない。

［ 车、贵、结实、也、很、这、不 ］

____

③ これはあなたが昨日デパートで買った（自転車の）新車ですか。

［ 你、这、新车、商场、的、吗、昨天、是、买 ］

____

④（私は）本を返したら、（私たち）一緒に行きます。

［ 我、咱们、书、去、还、一起 ］

____

⑤ 私は図書館に行ってしばらく宿題に取り組みます。

［ 我、图书馆、作业、一会儿、写 ］

____

2. 問題１の①—⑤の文を会話として成り立つように適切な位置の下線部イ.～ホ.に入れてみよう。

（図書館の駐輪場にて）

自敏：田中！ イ.______________________________

田中：是 啊，ロ.______________________________

自敏：真 不错！ 欸，你 现在 去 干 什么？

田中：ハ.______________________ 你 呢？

自敏：我（a.　　　　　　　　　）。

　　不过 这 个 时间（b.　　　　　　　　　），一般 没 座位。

田中：啊?! 今天 老师（c.　　　　　　　　　），在 哪儿 写 好 啊？

自敏：ニ.______________________ 我 一般 在 那儿 自习。

田中：是 吗？那 我 去 找 一 个 比较 空 的 教室。

自敏：（d.　　　　　　　　　）。ホ.__________________ 好 吗？

田中：好！我（e.　　　　　　　　　）。

046

3. 会話を聞き、以下の質問に対する回答を簡体字で書いてみよう。

① 吴 自敏 去 图书馆 干 什么？

＿＿＿＿＿＿＿＿＿＿＿＿＿＿＿＿＿＿＿＿＿＿＿＿

② 为 什么（wèi shénme：なぜ） 图书馆 这 个 时间 一般 没 座位？

＿＿＿＿＿＿＿＿＿＿＿＿＿＿＿＿＿＿＿＿＿＿＿＿

③ 今天 田中 的 老师 留了 什么 作业？

＿＿＿＿＿＿＿＿＿＿＿＿＿＿＿＿＿＿＿＿＿＿＿＿

④ 田中 等 自敏 几 分 钟？

＿＿＿＿＿＿＿＿＿＿＿＿＿＿＿＿＿＿＿＿＿＿＿＿

⑤ 田中 在 哪儿 等 自敏？

＿＿＿＿＿＿＿＿＿＿＿＿＿＿＿＿＿＿＿＿＿＿＿＿

046

4. 会話を聞き、問題２の（ ）a.～e.の中に入る語句を簡体字で書き取ってみよう。

5. 置き換え練習：下線部をほかの語句に置き換えて、ペアで会話練習をしてみよう（与えられた語以外の語句を使っても良い）。

⑴ A: 这 是 你 在 商场① 买 的 新② 车③ 吗？

B: 是 啊，这 辆④ 车③ 很⑤ 结实⑥，也 不⑤ 贵⑥。

① 优衣库、 网上、 便利店、 宠物店
② 〈“的”を介さずに熟語を形成しやすい形容詞〉： 新、旧、热、小
③ 衣服、 杂志、 咖啡、 猫
④ 〈量詞〉： 件、 本、 种、 只
⑤ 〈程度や否定を表す副詞〉： 很、 非常、 特别、 比较、 不
⑥ 〈形容詞〉： 好看、舒服、有意思、便宜、好喝、贵、可爱、听话
（例：这 种 咖啡 很 好喝，也 比较 便宜。）

优衣库	Yōuyīkù	ユニクロ
网	wǎng	インターネット
热	rè	（気温が）暑い、（事物が）温かい
小	xiǎo	小さい、小さな
好看	hǎokàn	見た目が良い；（本、映画などが）見る価値がある、面白い
舒服	shūfu	気持ち良い、心地よい
有意思	yǒu yìsi	面白い
好喝	hǎohē	（飲み物が）美味しい
可爱	kě'ài	可愛らしい
听话	tīnghuà	言うことを聞く、従順である

⑵ A: 我 写① 一会儿② 作业①，你 呢？

B: 我 去 还③ 两 本④ 书③。

① 〈動作 1〉： 看 电视、 听 音乐、 学 汉语、 玩儿 手机
② 〈時間量の表現〉：一会儿、 ……分 钟、 ……（个）小时/钟头
③ 〈動作 2〉： 喝 咖啡、 买 杂志、 借 小说、 见 朋友
④ 適当な数詞と量詞を入れてみよう
（例：我 学 两 个 小时 汉语，你 呢？）

电视	diànshì	テレビ
听	tīng	聴く
学	xué	習う、学ぶ
钟头	zhōngtóu	…時間
借	jiè	借りる；貸す

⑶ A: 老师① 留②了 一 篇③ 报告②，在 哪儿 写② 好 啊？

B: 欸，那儿 有 一 个③ 教室④。

① 我
② 买 咖啡 → 喝（咖啡）、　钓 鱼 → 养（鱼）
借 书 → 看（书）、　挑 衣服 → 试（衣服）
③ 適当な量詞を入れてみよう
④〈場所〉：休息室、 鱼缸、 椅子、 试衣间
（例：我 买了 一 杯 咖啡，在 哪儿 喝 好 啊？）

钓	diào	釣る
养	yǎng	飼う
挑	tiāo	〈口語〉選ぶ
试	shì	試す
休息室	xiūxishì	休憩室
鱼缸	yúgāng	（魚などを飼育するための）小型水槽
试衣间	shìyījiān	試着室

⑷ A:等 我 五 分 钟①，我 还②了 书② 咱们 一起 去，好 吗？

B: 好，我 在 马路③ 对面④ 等 你。

①〈時間量の表現〉：一会儿、 ……分 钟、 ……（个）小时/钟头
②〈先行する事態〉：下//课、 下//班、 吃//饭、 到 车站、 放//学
③〈場所〉：教室、 大厅、 食堂、 检票口、 学校
④ 適当な方位詞を入れてみよう
（例：等 我 一会儿，我 下了 班 咱们 一起 去，好 吗？）

大厅	dàtīng	ロビー；ホール
检票口	jiǎnpiàokǒu	改札口

6. 和文中訳：中国語に訳し、漢字（簡体字）で書いてみよう。さらに①②③は下線部を他の語句に置き換えて中国語で会話してみよう。

① あなたは一週間に何時間中国語を勉強しますか。

訳：

答：

② あなたは普通どこで宿題をしますか。

訳：

答：

③ 中国語と英語、どちらがより難しいですか。

訳：

答：

④ 授業が終わったら何をしますか。

訳：

答：

⑤ あなたには何人の兄弟がいますか。

訳：

答：

7. 空欄補充：（　）a.～u 内の空欄を埋め、本文に基づいて田中さんにまつわる出来事を、第三者の視点から（なるべく対応する和訳に頼らずに）述べてみよう。下線部イ.～ニ.には出来事の叙述によく用いられる下記［　］内の語を入れること。

田中昨天（a.　　　）商场（b.　　　）了一辆（c.　　　）自行车，那辆车很（d.　　　），也（e.　　　）。田中想去（f.　　　）写（g.　　　）作业，イ.________ 这个时间（h.　　　）的人（i.　　　），一般没（j.　　　）。她很着急，ロ.______老师（k.　　　）一篇（l.　　　）。ハ.________教学楼里都有（m.　　　）没课的（n.　　　），田中想去（o.　　　）一个比较（p.　　　）。自敏也想（q.　　　）了（r.　　　）和田中一起去（s.　　　）。ニ.__________田中在（t.　　　）等了她（u.　　　）。

［ 不过、 因为（yīnwèi：なぜなら）、 所以（suǒyǐ：だから）、幸好（xìnghǎo：幸い） ］

〈和訳〉：田中さんは昨日デパートで新しい自転車を一台買った。その自転車は大変丈夫で、しかも高くない。田中さんは図書館に行ってしばらくの間宿題をしようと思っていたが、この時間、図書館には人が大変多くて、普通は席がない。彼女はとても焦っていた。何故なら先生がレポートを出していたのだ。幸いどの教室棟にも授業のない教室があり、田中さんは比較的すいている教室を探しに行こうと思った。自敏さんも本を返してから田中さんと一緒に自習しに行きたいので、田中さんは道路の向かい側で彼女を５分待った。

8. 作文練習： 普段買い物する場所と、ある一回の買い物について述べてみよう。

047

（文例）

我 一般 在 涩谷 买 东西。那儿 很 热闹，不过 东西 不 便宜。
Wǒ yìbān zài Sègǔ mǎi dōngxi. Nàr hěn rènao, búguò dōngxi bù piányi.

上 星期 天 我 在 涩谷 109 买了 一 双 新 鞋。
Shàng xīngqī tiān wǒ zài Sègǔ Yāolíngjiǔ mǎile yì shuāng xīn xié.

那 双 鞋 特别 好看，不过 比较 贵。
Nà shuāng xié tèbié hǎokàn, búguò bǐjiào guì.

第 五 课　我 的 卡 呢?

文法ポイント：“（是）……的”構文、経験の“过”、“怎么”、能願動詞“会”、
“多少”、副詞“再”

表現ポイント：発生済みの事態に関する付加情報の伝え方、金額の言い方

048

■生 词■

七九八	Qījiǔbā	798 芸術区（北京の観光名所）
方便	fāngbiàn	便利である
地铁	dìtiě	地下鉄
欸	éi	おや、あれ（いぶかる気持ちを表す）
公交卡	gōngjiāo kǎ	交通系 IC カード
卡	kǎ	カード
充	chōng	チャージする
充值点	chōngzhídiǎn	IC カードなどに入金するスポット
一下	yíxià	ちょっと
本来	běnlái	もともと、元来
安慰	ānwèi	慰める

1. 並べ替え： [ ] 内の単語に単音節語を一語加えて、日本語の意味になるように単語を並べ替えて文を完成しよう。

① 私はバスに乗ったことがないが、地下鉄に乗ったことはある。
[我、公交车、地铁、坐、坐、不过、过、过]

____

② あなたは北京の路線バスの乗り方がわかりますか（乗れますか）。
[你、吗、公交车、北京、的、坐]

____

③ 午前中に五十数元チャージした。 [了、钱、块、五十、充、上午]

____

④ 私は今日の午前中にチャージをしに行ったのだ。

［ 我、钱、上午、充、今天、的 ］

____

⑤ あなたは地下鉄で来たのですか。　［ 你、地铁、吗、坐、来、是 ］

____

2. 問題１の①―⑤の文を会話として成り立つように適切な位置の下線部イ.～ホ.に入れてみよう。

（田中さんと近東さんはキャンパス内を歩きながら雑談している）

田中：对了，星期 天（a.　　　　　　　　　　），怎么 去 比较 好？

近东：坐 公交车 比较 方便。欸，イ.______________________

田中：ロ.______________________________ 公交卡 也 有。

（見せようと思ってカードを探す）…… 欸，我 的 卡 呢？

近东：今天 ハ.__________________________ 用过 公交卡 吗？

田中：我（b.　　　　　　）。不过，ニ.____________________________

近东：你 是 在 哪儿 充 的？

田中：在（c.　　　　　　　　　　）。

近东：那 你 先 去 问 一下 吧。卡里 有 多少 钱？

田中：本来（d.　　　　　　　　），ホ.________________________

近东：不 多，不 行 再 买 一 张。（e.　　　　　　　　　　）。

田中：你 真 会 安慰 人。

049

3. 会話を聞き、以下の質問に対する回答を簡体字で書いてみよう。

① 田中 星期 天 想 去 哪儿？

____

② 田中 今天 怎么 来 的？

____

③ 田中 今天 在 哪儿 充 的 钱？

____

④ 充了 钱 以后，卡里 有 多少 钱？

____

⑤ 近东 想 怎么 安慰 田中？

____

049

4. 会話を聞き、問題２の（　）a.～e.の中に入る語句を簡体字で書き取ってみよう。

5. 置き換え練習：下線部をほかの語句に置き換えて、ペアで会話練習をしてみよう（与えられた語以外の語句を使っても良い）。

⑴ A: 七九八① 怎么 去② 比较 好？

B: 坐 公交车③ 比较 方便④。

①	〈文の主題〉：	长城	冲绳	饺子	外语
②	〈動作行為〉：	去	玩儿	吃	学
③	〈方式〉：	开 车	跟 团	就 蒜	背 课文
④	〈形容詞〉：	快	省事儿	好吃	有效

长城	Chángchéng	万里の長城
快	kuài	速い
冲绳	Chōngshéng	沖縄
跟 团	gēn tuán	ガイド/添乗員が同行するツアー（の旅行）
省事儿	shěng//shìr	手間がかからない、楽である
就	jiù	…をご飯のおかず・酒のあてにする
蒜	suàn	ニンニク
好吃	hǎochī	（食べ物が）美味しい
背	bèi	暗記する、暗唱する
课文	kèwén	テキストの本文
有效	yǒuxiào	有効である

⑵ A: 你 会 坐 公交车① 吗？

B: 我 没 坐①过 公交车①，不过 坐②过 地铁②。

①〈行為A〉：	打 网球	踢 足球	开 车	做 菜
②〈行為B〉：	打 羽毛球	看 比赛	骑 摩托车	煮 方便面

网球	wǎngqiú	テニス
踢	tī	蹴る、（サッカーなどを）やる
足球	zúqiú	サッカー
摩托车	mótuōchē	オートバイ、モーターバイク
煮	zhǔ	茹でる、煮る
方便面	fāngbiànmiàn	インスタントラーメン

⑶ A: 你 昨天 在 哪儿① 充② 的 钱③?

B: 在 东门 旁边儿 的 充值点④ 充② 的。

①〈疑問表現〉:	在 哪儿	什么 时候	和 谁 一起	怎么
②〈動詞〉:	吃	睡	写	来
③〈目的語〉:	早饭/午饭/晚饭	觉	作业	学校

④ 自由に入れてください。

（＊複数の情報を同時に伝えても良い。例：我 自己 在 家 吃 的。）

早饭	zǎofàn	朝食

⑷ A: 你 卡里① 有 多少 钱②?

B: 本来③ 有 二十 块④，上午③ 充⑤了 五十 多 块 钱④。

A: 七十 多 块 不 多⑥。

①	身上	爸爸	参加 的 社团	这 个 学期
②	现金	斤	人	课
③	昨天—今天	去年—今年	开始—后来	开始—后来

④〈数量〉: 自由に入れてみよう。

⑤	取	瘦	招	减

⑥〈数量と評価〉: 自由に入れてみよう。

身上	shēnshang	手もと、身の回り
取	qǔ	（お金を）下ろす
瘦	shòu	痩せている
开始	kāishǐ	最初、初めのうち
后来	hòulái	その後、後になって
招	zhāo	募集する
学期	xuéqī	学期
减	jiǎn	減らす、減る

6. 和文中訳：中国語に訳し、漢字（簡体字）で書いてみよう。さらに③④⑤は下線部を他の語句に置き換えて中国語で会話してみよう。

① あなたはどんなスポーツ（运动 yùndòng）ができますか。

訳：

答：（複数回答可）

② あなたは何月何日どこで生まれた（出生 chūshēng）のですか。

訳：

答：

③ あなたは普通どうやって実家（父母 家 fùmǔ jiā）に帰りますか。

訳：

答：

④ あなたはどんな中華料理を食べたことがありますか。

訳：

答：（複数回答可）

⑤ （あなたの）お名前をもう一度言ってもらっていいですか。

訳：

答：

7. 空欄補充：（　）a.～g.内の空欄を埋め、本文に基づいて田中さんにまつわる出来事を、第三者の視点から（なるべく対応する和訳に頼らずに）述べてみよう。下線部イ.～ニ.には出来事の叙述によく用いられる下記［　］内の語を入れること。

田中的（a.　　　　　　　）丢 <diū：無くなる> 了。

她今天是（b.　　　　　　）来的，イ.______（c.　　　　　）过公交卡。

ロ.______ 她（d.　　　　）在（e.　　　　　　　）充的钱。ハ.________她

的卡里钱（f.　　　　　），ニ._____有（g.　　　　　　　）。

［不过、 好在（hǎozài：幸い）、 所以（suǒyǐ：だから）、 只（zhǐ：だけ）］

〈和訳〉：田中さんの交通カードが無くなった。彼女は今日自転車で来たので、交通カードを使っていなかった。しかし、彼女は今日の午前中に東門の隣の入金スポットでチャージをしたのだ。幸い彼女のカードにはお金（の残高）が多くなくて、70 数元しか入っていなかった。

8. 作文練習：ものを失くした経験を述べてみよう。

050

（文例）

我 丢过 一 次 手机。是 去年 二 月 在 家 附近 丢 的。那 个
Wǒ diūguo yí cì shǒujī. Shì qùnián èr yuè zài jiā fùjìn diū de. Nà ge

手机 是 两万 多 日元 买 的。
shǒujī shì liǎngwàn duō Rìyuán mǎi de.

最后 是 在 车站里 找到 的。/ 最后 也 没 找到。
Zuìhòu shì zài chēzhànli zhǎodào de. / Zuìhòu yě méi zhǎodào.

◇語彙◇

日元：（日本円）

最后：（最後）

找到：（見つける、見つかる）

第六课　去七九八的路线你查没查?

文法ポイント：文末助詞“了”、結果補語、単純方向補語、正反疑問文、
助動詞“要”、“太…了”、時間量の表現（まとめ）

表現ポイント：遅刻した時の表現、話題転換をする時の表現、
目的地までの行き方を説明し比較する

051

■生 词■

不 好意思	bù hǎoyìsi	申し訳ない；恥ずかしい
闹钟	nàozhōng	目覚まし時計
设	shè	設定する、設置する
错	cuò	間違っている
睁眼	zhēng//yǎn	眼を開ける
开	kāi	開く、開ける
歇	xiē	〈口語〉休む
渴	kě	喉が乾いている
久	jiǔ	（時間が）長い
只	zhǐ	…しか…ない
正好儿	zhènghǎor	ちょうど
顿	dùn	食事などの回数を数える量詞
待会儿	dāihuǐr	少し後
同屋	tóngwū	ルームメート
饿	è	お腹が空いてる
哈	hā	ハハ（口を大きく開けて笑う声）
到	dào	〈結果補語〉接触や獲得を表す
口袋	kǒudai	ポケット；袋
丢人	diūrén	恥をかく
常	cháng	よく、しょっちゅう
话说	huàshuō	ところで、さて（話題の転換や提起に用いられる）
路线	lùxiàn	ルート、路線
查	chá	調べる
换	huàn	換える、乗り換える
下 车	xià chē	下車する

幸好	xìnghǎo	運よく、幸い
麻烦	máfan	面倒くさい；迷惑（をかける）

【駅名】

北大东门	Běidàdōngmén	北京大学東門
三元桥	Sānyuánqiáo	三元橋
中关园	Zhōngguānyuán	中関園
大山桥东	Dàshānqiáodōng	大山橋東

1. 並べ替え： ［ ］内の単語に単音節語を一語加えて、日本語の意味になるように単語を並べ替えて文を完成しよう。

① 私の調べたルートは面倒すぎる。　［ 路线、我、查、麻烦、太、的 ］

② 目が覚めたら（＝目を開けたら）もう 9 時になっていた。
［ 眼、点、九、开、已经、睁 ］

③ あまり（時間が）長くなく、15 分しか待っていなかった。
［ 钟、等、久、一、不、了、只、刻 ］

④ 後でルームメートとバイキングを食べに行く予定です。
［ 同屋、自助餐、待会儿、吃、去、要 ］

⑤ とりあえず座ってしばらく休憩してください。
［ 一会儿、坐、吧、歇、先 ］

2. 問題１の①―⑤の文を会話として成り立つように適切な位置の下線部イ.～ホ.に入れてみよう。

（王さんが食堂で田中さんを待っている）

田中： 不 好意思，我 来晚 了。

（a.　　　　　　　　　　），イ.________________________

近东： 没 事儿。ロ.______________________ 渴 不 渴？

田中： 不 渴。你 等了 很 久 了 吗？

近东： 八.__________________________ 正好儿 吃了 一 顿 早饭。

你 吃 不 吃 早饭？

田中： 我 不 吃 了。

二.__________________________ 吃了 待会儿 不 饿 了。

近东： 哈哈…… 对 了，你 的 公交卡 找到了 没有？

田中： 找到 了。在（　b.　　　　　　　　　　），真 丢人。

近东： 常 有 的 事儿。……话说 去 七九八 的 路线 你 查 没 查？

田中： 查好 了。先 在（c.　　　　　　　　　　　　），

然后 在（d.　　　　　　　　　　），对 吗？

近东： 也 行，不过 在（e.　　　　　　　　　　）比较 省事儿，

大山桥东 下 车，（f.　　　　　　　　）就 是。

田中： 是 吗。幸好 你 告诉 我 了。

ホ.______________________

052

3. 会話を聞き、以下の質問に対する回答を簡体字で書いてみよう（同時に問題 4 に取り組んでみよう）。

① 田中 为 什么（wèi shénme：なぜ）来晚 了？

____

② 田中 的 公交卡 是 在 哪儿 找到 的？

____

③ 田中 查 的 路线 换 不 换 车？近东 查 的 路线 呢？

____

④ 696 在 哪 站 上 车？

____

⑤ 大山桥东 站 到 七九八 要 走 多 长 时间？

____

052

4. 会話を聞き、問題２の（　）a.～f.の中に入る語句を簡体字で書き取ってみよう。

5. 置き換え練習：下線部をほかの語句に置き換えて、ペアで会話練習をしてみよう（与えられた語以外の語句を使っても良い）。

⑴ A: 不 好意思，我① 起晚② 了。闹钟 的 时间③ 设错④ 了。

B: 没 事儿，只 等⑤了 一 刻 钟⑥。

①	我	衣服	你 借 我 的 书	肉
②	来晚	买小	弄脏	做糊
③	车	号	咖啡	火
④	坐过	看错	碰洒	开大
⑤	晚	小	脏	糊
⑥	五 分 钟	一点儿	两 页	一 面

过	guò	（ある場所を）通り過ぎる、通過する
一点儿	yìdiǎnr	（わずかな量を表す）少し
弄	nòng	する、なす（動作の結果に注目したり、具体的な動作方式を指定し難い場合、具体的な行為を表す動詞の代役をつとめる動詞。結果補語の前に用いられることが多い。）（例：弄脏、弄完）
脏	zāng	汚い
碰	pèng	ぶつかる、接触する
洒	sǎ	こぼれる；撒く
糊	hú	焦げている
火	huǒ	火
开	kāi	（電気器具の電源を）入れる
面	miàn	表面、面

⑵ A: 你 吃① 不 吃① 早饭②?

B: 我 不 吃① 了。待会儿 要 和 同屋 去 吃 自助餐③。

①	喝	吃	洗	参加
②	酒	蒜	澡	今天 的 活动
③	开 车 回 家	和 朋友 见面	去 健身房 锻炼	去 补习班 打工

见面	jiàn//miàn	会う、顔を合わせる
活动	huódòng	活動、イベント

⑶ A: 你 的 公交卡① 找到② 了 没有?

B: 找到② 了。在 我 大衣 口袋里③ 找到② 的，真 丢人④。

①	你 要 的 书	昨天 的 作业	手机 的 电	那 台 电脑
②	买到	写完	充满	修好
③	在 网上	夜里 一 点 多	半 个 小时	小李
④	方便	费劲	快	厉害

费劲	fèi//jìn	骨が折れる、手間がかかる
电	diàn	電気
满	mǎn	いっぱいである
修	xiū	修理する
厉害	lìhai	すごい

⑷ A：话说 去 798 的 路线 你 查 没 查？

B：查好 了。先 在 北大东门 坐 地铁，

然后 在 三元桥 换 公交车，对 吗？

A：也行，不过 在 中关园 坐 696 比较 省事儿，

大山桥东 下 车，走 五 分 钟 就 是。

＊以下の地図を見て下線部を置き換え、北京大学の近くの駅やバス停から香山、三里屯、王府井までの行き方について、それぞれ話してみよう。

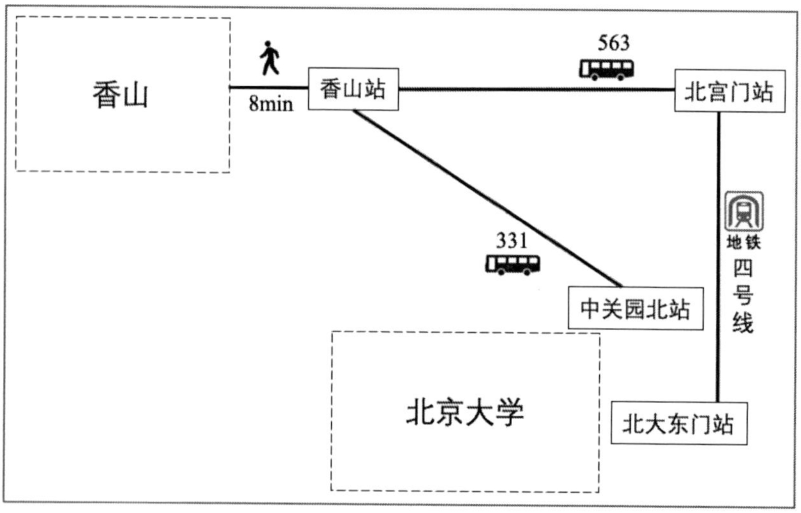

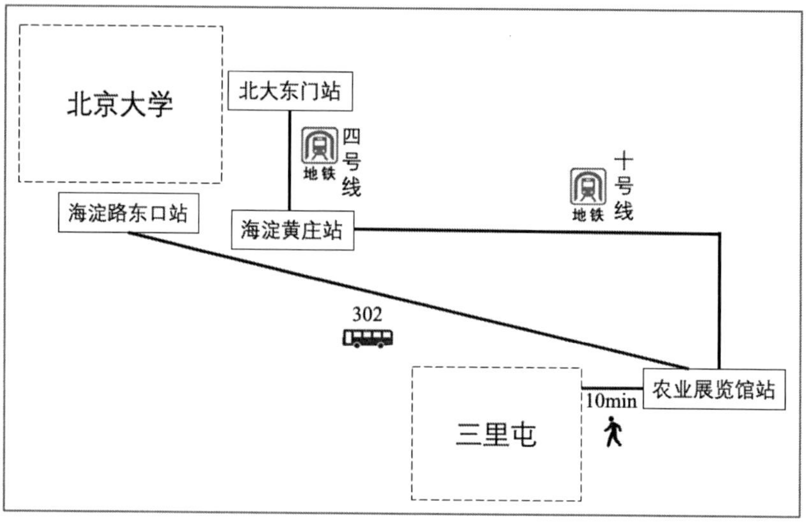

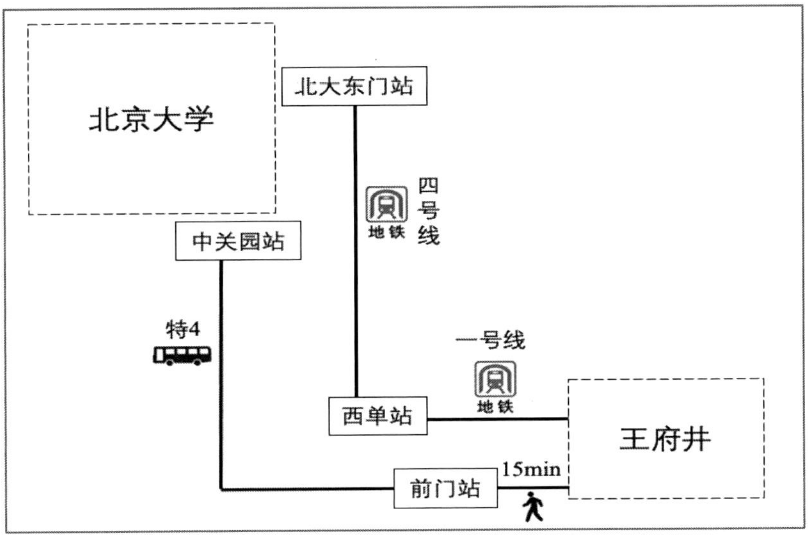

香山	Xiāngshān	香山（北京近郊の名山）
线	xiàn	…線
北宫门	Běigōngmén	北宮門（地名）
三里屯	Sānlǐtún	三里屯（北京の代表的なお洒落スポット）
海淀黄庄	Hàidiànhuángzhuāng	海淀黄庄（地名）
海淀路东口	Hǎidiànlùdōngkǒu	海淀路東口（地名）
农业展览馆	Nóngyèzhǎnlǎnguǎn	農業展覧館（地名）
王府井	Wángfǔjǐng	王府井（北京随一の繁華街）
西单	Xīdān	西単（地名）
前门	Qiánmén	前門（地名）

6. 和文中訳：中国語に訳し、漢字（簡体字）で書いてみよう。疑問文の場合はさらにその文に答えてみよう。

① とりあえず座ってしばらく待ちましょう。

訳：＿＿＿＿＿＿＿＿＿＿＿＿＿＿＿＿＿＿＿＿＿＿＿＿

② あなたに聞いてよかった。私の調べたルートはあまりにも時間がかかる。

（無駄に時間がかかる：浪费 时间）

訳：＿＿＿＿＿＿＿＿＿＿＿＿＿＿＿＿＿＿＿＿＿＿＿＿

③ あなたは今疲れていますか。 （正反疑問）

訳：____

答：____

④ ご飯を食べましたか。お腹が空いていますか。 （正反疑問）

訳：____

答：____

⑤ ところで、今日の授業全部わかった？（どこがわからなかった？）

（結果補語を用いる）

訳：____

答：____

⑥ 以下の乙の返事を引き出せるような一言を書きなさい。

甲：______________________________________

乙：よくあることだ。

訳：_____________________________________

7. 空欄補充：（ ）a.～p.内の空欄を埋め、本文に基づいて田中さんにまつわる出来事を、第三者の視点から（なるべく対応する和訳に頼らずに）述べてみよう。下線部イ.～ハ.には心情の描写によく用いられる下記［ ］内の語を入れること。

田中睁（a.　　）眼（b.　　　　）了，因为闹钟的时间（c.　　　）了。不过近东不イ.______田中来晚了，因为他（d.　　）等了（e.　　　），（f.　　　　）吃了一（g.　　）早饭。

田中不想吃早饭，因为她（h.　　　　）要和（i.　　　）去吃（j.　　），ロ._____吃了早饭待会儿（k.　　　　）了。

田中（l.　　　）了她的（m.　　　），是在大衣的（n.　　　）里（o.　　　）。她很ハ.___________，不过近东说这是（p.　　　）的事。

［怕（pà：恐る、懸念する）、介意（jiè//yì：気にする）、不好意思］

〈和訳〉：田中さんが目を覚ますとすでに 9 時になっていた。目覚まし時計の時間を間違えて設定したからだ。でも近東さんは田中さんが遅刻したことを気にしなかった。何故なら彼は 15 分しか待っておらず、ちょうど（その時間を利用して）朝食を（一食）食べた。田中さんは朝食を食べようと思わない。何故なら彼女は後でルームメートとバイキングを食べに行く予定で、朝食を食べたら後でお腹が空かなくなるのを懸念していたからだ。田中さんは交通カードを見つけた。コートのポケットの中から見つかったのだ。彼女はとてもきまり悪く感じたが、近東さんはこれはよくあることだと言ってくれた。

8. 作文練習：自宅、学校などまでの経路を 2 通り紹介し比較してみよう。

053

（文例）

我 家 在 北京动物园 旁边儿。 在 圆明园 站
Wǒ jiā zài Běijīng Dòngwùyuán pángbiānr. Zài Yuánmíngyuán Zhàn

坐 地铁 四 号 线， 在 动物园 站 下 车，走 五 分 钟
zuò dìtiě sì hào xiàn, zài Dòngwùyuán Zhàn xià chē, zǒu wǔ fēn zhōng

就 是。这 条 路线 最 省事儿。不过 我 一般 在 北大西门 站
jiù shì. Zhè tiáo lùxiàn zuì shěngshìr. Búguò wǒ yìbān zài Běidàxīmén Zhàn

坐 718， 然后 在 中关村 换 地铁 四 号 线。 因为
zuò qīyāobā, ránhòu zài Zhōngguāncūn huàn dìtiě sì hào xiàn. Yīnwèi

这 条 路线 比较 快。
zhè tiáo lùxiàn bǐjiào kuài.

◇語彙◇

北京动物园：北京動物園

圆明园：円明園

中关村：中関村

◆ 以下の語句を使って作文してみよう。

省事儿 / 麻烦、 快 / 慢、 贵 / 便宜、 走 的 时间 长 / 走 的 时间 短

第七课　你们 社团 收 留学生 吗?

文法ポイント：主述述語文、推量の“吧”、“有点儿”、動量詞の使い方、“别/不要”、前置詞“给”

表現ポイント：サークル活動について

054

■生 词■

同学	tóngxué	学生同士や教師が学生に対する呼びかけ
收	shōu	受け入れる
没有 没有	méiyou méiyou	（謙虚に）いいえ、いいえ
还 行	hái xíng	まあまあ
语法	yǔfǎ	文法
谦虚	qiānxū	謙虚
介绍	jièshào	紹介する
过	guo	〈結果補語〉問題の動作を終えた・済ませたことを表す
校内	xiào nèi	校内
练	liàn	練習する
攀岩	pānyán	ロッククライミング
周末	zhōumò	週末
差不多	chàbuduō	大して違わない、ほとんど同じである
周	zhōu	週
寒暑假	hánshǔjià	冬休みと夏休み
最近	zuìjìn	最近
学习	xuéxí	勉強する
困难	kùnnan	困難である
担心	dān//xīn	心配する
自愿	zìyuàn	自らの意志で（…する）
勉强	miǎnqiǎng	無理する
决定	juédìng	決める、決まる
报名	bào//míng	申し込む
到	dào	まで（⇨《汉语课本》第 17 课④“从～到…”）
操场	cāochǎng	グラウンド

1. 並べ替え： [ ] 内の単語に単音節語を一語加えて、日本語の意味になるように単語を並べ替えて文を完成しよう。

① 貴方は中国語が本当にうまいですね！専門は中国語でしょう。

[中文、中文、你、专业、是、好、真]

____

② 私たちの活動を紹介してあげましょう。

[我、你、我们的活动、介绍、吧、一下]

____

③ 私はちょっと見てから申し込むかどうか決めたい。

[我、决定、看、报名、想、一下、不、再]

____

④ 時間がない時は無理しないでください。

[时候、时间、勉强、不、没、的]

____

⑤ 週に三回活動するのはちょっと難しい。

[活动、周、困难、三、有点儿、每]

____

2. 問題 1 の①―⑤の文を会話として成り立つように適切な位置の下線部イ.～ホ.に入れてみよう。

（登山サークルの宣伝ブースにて）

田中：同学，你好！请问 你们 社团 收 留学生 吗？

学生：非常 欢迎！我们 （a.　　　　　　　　　　）。

イ.______________________________

田中：没有 没有。我 发音 还 行，（b.　　　　　　　　　　）。

学生：谦虚，谦虚！那 ロ. ______________________________

田中：谢谢，我（c.　　　　　　　　　　）。

平时 在 校内 练 攀岩，周末 去 爬山，是 吧？

学生：差不多。一 周（d.　　　　　　　　　　）。

寒暑假 去 外地 集训。

田中：我 最近 学习 有点儿 忙。ハ.______________________________

学生：别 担心。活动 是 自愿 参加，ニ.______________________________

田中：是 吗。ホ.______________________________________ 行 吗？

学生：没 问题。正好儿 今天 （e.　　　　　　　　　　　　　　） 我们

在 北边儿 的 操场 活动。

田中：那 太 好 了！我 待会儿 去 看 一下。

055

3. 会話を聞き、以下の質問に対する回答を簡体字で書いてみよう（同時に問題 4 に取り組んでみよう）。

① 登山 社团 留学生 多 不 多？

____

② 田中 说 她 中文 的 语法 怎么样？

____

③ 田中 是 怎么 知道 的 登山 社团 有 什么 活动？

____

④ 登山 社团 每 周 练 几 次 攀岩？

____

⑤ 今天 登山 社团 的 活动 到 几 点？

____

055

4. 会話を聞き、問題２の（　）a.～e.の中に入る語句を簡体字で書き取ってみよう。

5. 置き換え練習：下線部をほかの語句に置き換えて、ペアで会話練習をしてみよう（与えられた語以外の語句を使っても良い）。（枠内の A B の日本語の意味になるように〈 〉内の語句を適切な順番で下線部に置き換え、文を作ってみよう。）

⑴ A: 你 中文① 真 好②！专业 是 中文③ 吧。

B: 没有，没有。我 发音④ 还 行，语法④ 不 好⑤。

①	唱歌	跑步	声音
②	棒	快	好听
③	声乐	田径	播音
④	音色 / 底气	速度 / 耐力	嗓音 / 普通话
⑤	足	好	标准

A：あなたはご飯を作るのが本当に上手い！専門は料理だよね

B：いやいや。簡単なのはまあまあですが、複雑なのは作れない。

〈 好、 做 饭、 会 做、 烹饪、 简单 的、 复杂 的 〉

棒	bàng	素晴らしい、優れている
声乐	shēngyuè	声楽
音色	yīnsè	声質、音色
底气	dǐqì	声量、発声力
足	zú	足りている、十分である
田径	tiánjìng	陸上
速度	sùdù	スピード
耐力	nàilì	耐久力
声音	shēngyīn	声；音
好听	hǎotīng	（聞いて）気持ちが良い
播音	bōyīn	アナウンス
嗓音	sǎngyīn	（人の）声
普通话	pǔtōnghuà	標準語
标准	biāozhǔn	標準的である；基準
烹饪	pēngrèn	（プロの料理人が）料理する
简单	jiǎndān	簡単である
复杂	fùzá	複雑である

⑵ A：我 给 你 介绍① 一 下② 我们 的 活动③ 吧。

B：谢谢，我 已经 在 网上④ 看过⑤ 了。

①	倒	做	回 宿舍 取
②	杯	顿	趟
③	水	饭	那 本 书
④	路上	家	图书馆
⑤	喝过	吃饱	借到

A:この文を訳してあげましょうか。

B：ありがとう。私はもう携帯で調べた。

〈 遍、 翻译、 查好、 手机上、 这 个 句子 〉

倒	dào	（容器を傾けて中の物を）出してあげる、注ぐ
路上	lùshang	道中
翻译	fānyì	通訳・翻訳する

⑶ A：平时 练 攀岩①，周末 爬山②，是 吧？

B：差不多。一 周 练① 两③ 次 攀岩①，爬② 一③ 次 山②。

①	跑//步	吃 食堂	教 课	洗 淋浴
②	去 健身房	叫 外卖	做 翻译	泡 澡
③	数詞を自由に入れてみよう			

A：普段はウィーチャットで連絡し、週末は電話する。そうだよね。

B：大体そう。週に十数回ウィーチャットで連絡し、一回電話する。

〈 一、 十 多、 发 微信、 打 电话 〉

淋浴	línyù	シャワー（を浴びる）
泡澡	pào//zǎo	湯船に浸かる
发	fā	電子メールやメッセージなどを送る

⑷ A：我 最近 学习① 有点儿 忙②。

B：别 担心③。没 时间④ 的 时候 不 要 勉强。

①	事儿	手头儿	论文 的 进展
②	多	紧	慢
③	太 累 了	不 好意思	着急
④	没 精神	没 钱	没 思路

A：私は最近気分がちょっと憂鬱です。

B：思い込まないで。ストレスが溜まっている時は無理しないで。

〈 抑郁、 心情、 压力 大、 钻 牛角尖儿 〉

精神	jīngshen	気力、精力
手头儿	shǒutóur	懐具合；手もと
紧	jǐn	きつい、(懐などが) 切迫している
论文	lùnwén	論文
进展	jìnzhǎn	進展、進捗状況
慢	màn	(スピードが) 遅い
着急	zháo//jí	焦る
思路	sīlù	(文章などの) 構想、考えの筋道
抑郁	yìyù	憂鬱である
心情	xīnqíng	気持ち、気分
压力	yālì	プレッシャー、ストレス
钻 牛角尖儿	zuān niújiǎojiānr	〈慣用句〉思い込んでしまい、周りが見えなくなる

6. 和文中訳：中国語に訳し、漢字（簡体字）で書いてみよう。疑問文の場合はさらにその文に答えてみよう。

① 私に紹介してもらっていいですか。

訳：＿＿＿＿＿＿＿＿＿＿＿＿＿＿＿＿＿＿＿＿＿＿＿＿＿＿

② (褒められて) とんでもないです。

訳：＿＿＿＿＿＿＿＿＿＿＿＿＿＿＿＿＿＿＿＿＿＿＿＿＿＿

③ ご謙遜を。

訳：＿＿＿＿＿＿＿＿＿＿＿＿＿＿＿＿＿＿＿＿

④ あなたたちのサークルは留学生が多いですか。

訳：＿＿＿＿＿＿＿＿＿＿＿＿＿＿＿＿＿＿＿＿

答：＿＿＿＿＿＿＿＿＿＿＿＿＿＿＿＿＿＿＿＿

⑤ あなたたちのサークルは週何回活動をしますか。

訳：＿＿＿＿＿＿＿＿＿＿＿＿＿＿＿＿＿＿＿＿

答：＿＿＿＿＿＿＿＿＿＿＿＿＿＿＿＿＿＿＿＿

⑥ あなたの最も習いたい専門はなんですか。　　　　（最も：最 zuì）

訳：＿＿＿＿＿＿＿＿＿＿＿＿＿＿＿＿＿＿＿＿

答：＿＿＿＿＿＿＿＿＿＿＿＿＿＿＿＿＿＿＿＿

7. 空欄補充：（ ）a.～o.内の空欄を埋め、本文に基づいて田中さんにまつわる出来事を、第三者の視点から（なるべく対応する和訳に頼らずに）述べてみよう。下線部イ.ロ.には下記［ ］内の語句を入れること。

田中想参加（a.　　　　）的社团。那个社团每周（b.　　　　）两次（c.　　　　），（d.　　　　）一次（e.　　）。寒暑假去（f.　　　　　）。田中最近（g.　　　　）有点儿（h.　　　　），每周（i.　　　　　）有点儿（j.　　　　）。イ.＿＿＿＿活动是（k.　　　　）参加，ロ.＿＿＿＿田中还是想（l.　　　　）再（m.　　　　）报不报名。正好儿今天社团在（n.　）的（o.　　　）有活动，田中想去看一下。

［不过、　好在（hǎozài：幸い）］

〈和訳〉：田中さんは山登りのサークルに入りたいと思っている。そのサークルは週 2 回ロッククライミングを練習し、1 回山登りに行く。冬休みと夏休みにはよその地方に合宿に行く。田中さんは最近勉強がちょっと忙しく、週 3 回活動するのはやや難しい。幸い（そのサークルの）活動は自由意志で参加するものである。でも田中さんはやはり、まず少し（様子を）見てから申し込むかどうかを決めたい。ちょうど今日サークルは北のグラウンドで活動があって、田中さんはちょっと見に行きたいと思っている。

8. 作文練習：自分の所属するサークルを紹介してみよう（サークルに参加していない人は自分の趣味嗜好を紹介してみよう）。

056

（文例）

我 在 大学 参加了 篮球 社团。 我们 社团 每 周 活动
Wǒ zài dàxué cānjiāle lánqiú shètuán.Wǒmen shètuán měi zhōu huódòng

三 次。 平时 周 二 和 周 四 的 晚上 在 校 内 的 体育馆
sān cì. Píngshí zhōu èr hé zhōu sì de wǎnshang zài xiào nèi de tǐyùguǎn

练习 两 次。 周末 去 校 外 的 篮球场 和 别 的 大学 比赛。
liànxí liǎng cì. Zhōumò qù xiào wài de lánqiúchǎng hé bié de dàxué bǐsài.

今年 暑假 我们 要 去 北京 集训， 和 北京大学 的 学生
Jīnnián shǔjià wǒmen yào qù Běijīng jíxùn, hé Běijīng Dàxué de xuésheng

一起 练习。
yìqǐ liànxí.

◇語彙◇

篮球：バスケットボール
篮球场：バスケットボールのコート
练习：練習する
别的：他の

第八课　还是得办一个中国的手机号。

文法ポイント：選択疑問文、前置詞“比”、“这么、那么”、助動詞“得”、
助動詞“能”、副詞“又”、“形容詞 ＋ 一点儿”
表現ポイント：中国の携帯事情、複数の事物を比較し選択する表現

057

■生 词■

接	jiē	接続する
咖啡厅	kāfēitīng	カフェ
输	shū	入力する
嗯	ng	（肯定・承諾などを表す）ええ、うん
服务	fúwù	サービス
办	bàn	（事務や手続きなどを）処理する
看来	kànlái	見たところ（…のようだ）
回头	huítóu	後で、後ほど
营业厅	yíngyètīng	（携帯電話キャリアなどの）ショップ
运营商	yùnyíngshāng	通信サービスを提供する会社
听说	tīng//shuō	（情報を）耳にする、…だそうだ
觉得	juéde	…と思う、…と思っている
合适	héshì	適切である、都合が良い
基本上	jīběnshang	基本的に
中国电信	Zhōngguó Diànxìn	（通信会社名）チャイナ・テレコム
网速	wǎngsù	インターネットの通信速度
其他	qítā	その他（の）
信号	xìnhào	（携帯電話などの）電波
稳定	wěndìng	安定している

1. 並べ替え： ［ ］内の語句に単音節語を一語加えて、日本語の意味になるように語句を並べ替えて文を完成しよう。

① あなたは中のカードだけ替えますか、それともカードと携帯の両方を買いますか。　　［手机、卡、你、里边的卡、买、换、都、还是、和］

____

② 私はチャイナ・テレコムの通信速度は他の二つより少し速いと思う。
［网速、我、中国电信、其他两个、觉得、快、的、一点儿］

____

③ またあなたに迷惑をかけなければならなくなった。
［麻烦、你、添、得、给、了］

____

④ このカフェの WIFI に接続するのにも携帯番号を入力しなければならない。
［咖啡厅、WIFI、手机号、输、接、个、也、的、这］

____

⑤ あそこではカードと携帯は両方買える。
［手机、卡、那里、买到、都、和］

____

2. 問題 1 の①—⑤の文を会話として成り立つように適切な位置の下線部イ.～ホ.に入れてみよう。

（カフェにて、田中さんが携帯電話を店内の WIFI に接続しようとしている）

田中：哎呀，イ.______________________________

近东：嗯，没有 中国 的 手机 号（a.　　　　　　　　　　　）。

田中：是 啊，看来 我 还是 得 办 一 个。

近东：那 ロ.______________________________

田中：我 现在 的 手机（b.　　　　　　　），不 能 只 换 SIM 卡。

近东：那 回头 我（c.　　　　　　　　　　）吧。

ハ.______________________________

田中：那 ニ.______________________________

近东：你 别 这么 客气。

话说 中国 现在（d.　　　　　　　　　　　　　　）。你 听说过 吗？

田中：没有。你 觉得 哪个 合适？我（e.　　　　　　　　　　　　　　）。

近东：ホ.____

信号 也 比较 稳定。

田中：好，那 听 你 的，去 中国电信 吧。

058

3. 会話を聞き、以下の質問に対する回答を簡体字で書いてみよう（同時に問題 4 に取り組んでみよう）。

① 田中 为 什么 觉得 还是 得 办 一 个 中国 的 手机 号？

____

② 田中 现在 的 手机 为 什么 不 能 只 换 SIM 卡？

____

③ 在 哪里 能 买到 手机 和 SIM 卡？

____

④ 中国 有 几 个 手机 运营商？

____

⑤ 田中 常 打 电话 吗？

____

058

4. 会話を聞き、問題２の（　）a.～e.の中に入る語句を簡体字で書き取ってみよう。

5. 置き換え練習：下線部をほかの語句に置き換えて、ペアで会話練習をしてみよう（与えられた語以外の語句を使っても良い）。（枠内の A B の日本語の意味になるように〈 〉内の語句を適切な順番で下線部に置き換え、文を作ってみよう。）

⑴ A：接 这 个 咖啡厅 的 WIFI① 也 得 输② 手机 号③。

B：没有 手机 号③ 很多 服务④ 都 不 能 用⑤。

①	去 这 个 超市	在 这儿 付款	做 这 个 工作
②	开	用	有
③	车	信用卡	大学 文凭
④	地方	地方	工作
⑤	去	付款	做

A：この国に行くのもビザを発行してもらわなければならない。

B：ビザがなければ多くの国に行くことができない。

〈 去、 办、 签证、 国家、 去 这 个 国家 〉

付款	fù//kuǎn	料金を支払う
文凭	wénpíng	学歴を証明する証書、学歴

⑵ A：只 换① 卡②，还是 卡② 和 手机③ 都 换①？

B：我 的 手机④ 不 能 只 换① 卡②。

① 点	写	吃
② 吃 的	汉字	中药
③ 饮料	拼音	西药
④ 这 家 店	这 次 考试	这么 重 的 感冒

A：セーターだけ着ますか。
それともセーターとコートの両方を着ますか。
B：あんなに寒いところでは、セーターを着るだけではいけない。

〈 毛衣、 大衣、 穿、 那么 冷 的 地方 〉

吃 的	chī de	〈口語〉食べ物
家	jiā	店などを数える量詞
汉字	Hànzì	漢字
拼音	pīnyīn	ピンイン
中药	zhōngyào	漢方薬
饮料	yǐnliào	ドリンク
西药	xīyào	（漢方薬に対し）西洋医学の薬剤
重	zhòng	重い
毛衣	máoyī	セーター

⑶ A：我 还是 得 办① 一 个② 中国 的 手机 号③。

B：那 回头④ 我 带 你 去 手机 营业厅⑤ 吧。

A：那 又 得 给 你 添 麻烦⑥ 了。

①	买	有	吃
②	个	个	次
③	电子 词典	托福 的 成绩	烤鸭
④	赶明儿	哪 天	改天
⑤	家电量贩店	新东方	全聚德
⑥	麻烦 你	劳驾 你	劳烦 你

A：私はやはり一度パンダを見ておかなければならない。

B：じゃ今度北京動物園に連れていってあげましょう。

A：それじゃまたあなたに感謝しなければならないね。

〈 看、 次、 下 次、 熊猫、 谢谢 你、 北京动物园 〉

电子	diànzǐ	電子
赶明儿	gǎnmíngr	後日、そのうち
家电量贩店	jiādiàn liàngfàndiàn	家電量販店
成绩	chéngjì	成績
哪 天	nǎ tiān	いつか
新东方	Xīndōngfāng	新東方（中国の大手学習塾）
劳驾	láojià	手数をかける
烤鸭	kǎoyā	北京ダック
全聚德	Quánjùdé	全聚徳（北京ダックの老舗）
劳烦	láofán	面倒をかける
熊猫	xióngmāo	パンダ

⑷ A：这 三 个① 运营商②，你 觉得 办③ 哪 个① 合适？

B：我 觉得 中国电信④ 的 网速⑤

比 其他 两 个① 快⑥ 一 点儿。

①	个	家	个
②	景点	酒店	来 面试 的 人
③	去	订	招
④	故宫	这 家	第 二 个
⑤	距离	服务	工作 经验
⑥	近	好	丰富

A：この 3 着のスカート、どれを買えばいいと思いますか。

B：こっちの色が他の 2 着より綺麗だと思います。

〈 买、 条、 这 条、 漂亮、 裙子、 颜色 〉

景点	jǐngdiǎn	観光スポット
距离	jùlí	距離
酒店	jiǔdiàn	ホテル
面试	miànshì	面接（をする）
经验	jīngyàn	経験
丰富	fēngfù	豊富である
漂亮	piàoliang	美しい、綺麗である

6. 和文中訳：中国語に訳し、漢字（簡体字）で書いてみよう。疑問文の場合はさらにその文に答えてみよう。

①（あなたに）ご迷惑をおかけしました。

訳：＿＿＿＿＿＿＿＿＿＿＿＿＿＿＿＿＿＿＿＿

そんなに気を使わないでください。

訳：＿＿＿＿＿＿＿＿＿＿＿＿＿＿＿＿＿＿＿＿

② 问：中国には四大料理（四大菜系 sì dà càixì）があるが、聞いたことがありますか。

訳：＿＿＿＿＿＿＿＿＿＿＿＿＿＿＿＿＿＿＿＿＿＿＿＿＿＿

答：私は四川（四川 Sìchuān）料理、広東料理、蘇州（苏州 Sūzhōu）料理と山東（山东 Shāndōng）料理があると聞いています。

訳：＿＿＿＿＿＿＿＿＿＿＿＿＿＿＿＿＿＿＿＿＿＿＿＿＿＿

③ 问：あなたの現在の携帯は中のカードだけを換えることができますか。

訳：＿＿＿＿＿＿＿＿＿＿＿＿＿＿＿＿＿＿＿＿＿＿＿＿＿＿

答：＿＿＿＿＿＿＿＿＿＿＿＿＿＿＿＿＿＿＿＿＿＿＿＿＿＿

④ 问：あなたの考えでは中国語が難しいですか、それとも英語が難しいですか。

訳：＿＿＿＿＿＿＿＿＿＿＿＿＿＿＿＿＿＿＿＿＿＿＿＿＿＿
（“比”を使って、発音・文法・読解〔阅读理解 yuèdú lǐjiě〕の三方面から述べること。）

答：＿＿＿＿＿＿＿＿＿＿＿＿＿＿＿＿＿＿＿＿＿＿＿＿＿＿

⑤ 会話が成り立つように適当な文を書きなさい。

甲：＿＿＿＿＿＿＿＿＿＿＿＿＿＿＿＿＿＿＿＿＿＿＿＿＿＿

乙：あなたの言う通りにします。

訳：＿＿＿＿＿＿＿＿＿＿＿＿＿＿＿＿＿＿＿＿＿＿＿＿＿＿

7. 空欄補充：（　）a.～u.内の空欄を埋め、本文に基づいて、第三者の視点から（なるべく対応する和訳に頼らずに）述べてみよう。下線部イ.～ホ.には下記［　］内の心理・知覚・発話動詞を入れること。

在中国，没有中国的（a.　　　　　　　　）很多（b.　　　　　　）都不能用，所以田中イ.＿＿＿＿她还是（c.　　　　　　　　）一个。不过，她的手机是在日本（d.　　　　　　　），所以不能（e.　　　　）换（f.　　　　　　　）。

近东ロ._________（g.　　　）她去手机（h.　　　　　　　　　　），因为在那里（i.　　）和（j.　　　）都能（k.　　　　　　　）。田中不ハ.______选哪个手机运营商合适，近东ニ.________她（l.　　　　　　　）的（m.　　　　　）比（n.　　　　　　　）两个快（o.　　　　　　　），（p.　　　　　　　）也比较（q.　　　　　　）。田中ホ.________（r.　　　　）近东（s.　　　　），去（t.　　　　　　　　）的（u.　　　　　　）。

［知道、 觉得、 告诉、 决定、 提出（tíchū：提案する・提起する）］

〈和訳〉：中国では、中国の携帯番号がなければ多くのサービスを使えないので、田中さんはやはり一つ作らなければならないと思った。でも彼女の携帯は日本で買ったので SIM カードだけ換えることができない。近東さんは彼女を通信会社のショップに連れて行くと提案した。何故ならそこではカードと携帯を両方買える。田中さんはどの携帯会社を選べば良いかわからなかった。近東さんはチャイナ・テレコムの通信速度は他の二社のより速く、しかも電波も比較的安定していると彼女に教えた。田中さんは近東さんの言うことを聞き、チャイナ・テレコムのショップに行くと決めた。

8. 作文練習：異なる事物の特徴などを比較してみよう。

059

（文例）

中国　有 三 个 手机　运营商　——　中国移动、
Zhōngguó yǒu sān ge shǒujī yùnyíngshāng —— Zhōngguó Yídòng,

中国联通　和　中国电信。 电信　的 网速　比 其他 两
Zhōngguó Liántōng hé Zhōngguó Diànxìn. Diànxìn de wǎngsù bǐ qítā liǎng

个 快 一点儿。 不过　联通　打 电话　比　其他 两　个 便宜，
ge kuài yìdiǎnr. Búguò Liántōng dǎ diànhuà bǐ qítā liǎng ge piányi,

移动　的 信号 比 其他　两 个 好 一点儿。我　基本上　不 打 电话，
yídòng de xìnhào bǐ qítā liǎng ge hǎo yìdiǎnr. Wǒ jīběnshang bù dǎ diànhuà,

只　上网，　所以 用　电信 比 用　其他 两 个 合适。
zhǐ shàngwǎng, suǒyǐ yòng Diànxìn bǐ yòng qítā liǎng ge héshì.

◇語彙◇

中国联通：チャイナ・ユニコム

中国移动：チャイナ・モバイル

第九课　要让我帮你说吗?

文法ポイント：使役構文、単純・複合方向補語、“多”を用いた感嘆文、
仮定表現、当為の“要”と不必要の“不用”

表現ポイント：携帯ショップでの会話

060

■生 词■

帮	bāng	手伝う、助ける
走	zǒu	（移動を催促して）さあ（行こう）
复印	fùyìn	コピーする
选	xuǎn	選ぶ
套餐	tàocān	（料理などの）コース；定食
确实	quèshí	確かに
少	shǎo	少ない
足够	zúgòu	足りている、十分である
收	shōu	しまう
推荐	tuījiàn	薦める
性价比	xìngjiàbǐ	コストパフォーマンス
最	zuì	最も

1. 並べ替え： ［ ］内の単語に単音節語を一語加えて、日本語の意味になるように単語を並べ替えて文を完成しよう。

① ほら見て、このコースはなんと安いのだろう。

［ 套餐、 你、 看、 便宜、 个、 这、 呀 ］

____

② 私に自分でちょっと練習させてください。

［ 我、 自己、 一下、 吧、 锻炼 ］

____

③ そんなにたくさん買う必要もない。

［ 买、 不、 也、 多、 那么 ］

____

④ 取り出して私たちにちょっと試させてください。

［ 我们、 拿、 试、 吧、 来、 一下、 让 ］

____

⑤ もし言えなくなったら、また手伝ってあげましょう。

［ 我、 你、 说、 帮、 会、 不、 如果、 了 ］

____

2. 問題 1 の①―⑤の文を会話として成り立つように適切な位置の下線部イ.～ホ.に入れてみよう。

（携帯ショップの外にて）

近东： 待会儿 办 卡 要 让 我 帮 你 说 吗？

田中： 不用 了，这 次 先 イ.______________________

近东： 好，ロ.______________________ 走！ 咱们 进去 吧。

（携帯ショップの中にて）

营业员： 您 好！请问 您 是 买 手机 还是 办 卡？

田中： 您 好！我 想（a.　　　　　　　　　　）。这 是 我 的 护照。

营业员：（b.　　　　　　　　），请 稍 等。您 先（c.　　　　　　）吧。

田中： 好。…… 近东，ハ.______________________

一 个 月 只 要 十九 块！

近东： 确实 很 便宜，但是（d.　　　　　　　　　　），太 少 了 吧。

这 个 二十 G 的 怎么样？

田中： 确实 有点儿 少，不过 ニ.______________________

这 个 五 G 的 足够 了。

营业员：这 是 您 的 护照，请 收好。

田中：谢谢。我 要 这 个 五 G 的 套餐。有 没有 推荐 的 手机？

营业员：这 款 比较 推荐，（e.　　　　　　　　　　　），买 的 人 最 多。

近东：那 麻烦 您 木.____

061

3. 会話を聞き、以下の質問に対する回答を簡体字で書いてみよう（同時に問題 4 に取り組んでみよう）。

① 田中 想 先 买 手机 还是 先 办 卡？

____

② 营业员 为 什么 让 田中 稍 等？

____

③ 营业员 建议（jiànyì：薦める）田中 等 的 时候 做 什么？

____

④ 一 个 月 十九 元 的 套餐 月 流量 多少？

____

⑤ 营业员 推荐 的 那 款 手机 为 什么 买 的 人 最 多？

____

061

4. 会話を聞き、問題２の（　）a.～e.の中に入る語句を簡体字で書き取ってみよう。

5. 置き換え練習：下線部をほかの語句に置き換えて、ペアで会話練習をしてみよう（与えられた語以外の語句を使っても良い）。（枠内のＡＢの日本語の意味になるように〈 〉内の語句を適切な順番で下線部に置き換え、文を作ってみよう。）

⑴ A：办 卡① 要 让 我 帮 你 说② 吗？

B：不用 了，先 让 我 自己 锻炼③ 一下 吧。

A：好，如果 不 会 说 了④ 我 再 帮 你。

①	晚饭	这 道 题	工作
②	做	做	介绍
③	挑战	考虑	找
④	时间 不 够 了	你 有 需要	没有 合适 的

A：あの教授は、私から紹介させてもらおうか。

B：結構です。先ずは私に自分で連絡させてみてください。

A：わかりました。返事が来なかったらまた力になってあげましょう。

〈 介绍、 联系、 没有 回复、 那 个 教授 〉

够	gòu	足りている、十分である
道	dào	設問を数える量詞
题	tí	設問
考虑	kǎolǜ	考える、考慮する
回复	huífù	返事（する）、返信（する）

⑵ A：你 看① 这 个 套餐② 多 便宜③！

B：确实 很 便宜③，但是 月 流量④ 只 有 两 G⑤。

①	听	闻	看
②	这 首 歌	这 道 菜	这 双 鞋
③	好听	香	好看
④	歌词	味道	价格
⑤	不知所云	不 知道 怎么样	也 不 便宜

A：ほら見て、幹線道路はなんとひどく渋滞しているのだろう。

B：確かに結構渋滞しているが、わき道はもっと時間がかかる。

〈 堵、 看、 主路、 小路、 更 花 时间 〉

歌词	gēcí	歌詞
不知所云	bù zhī suǒ yún	意味不明
闻	wén	嗅ぐ
香	xiāng	香りがよい、味がよい
味道	wèidao	味；におい
价格	jiàgé	価格
堵	dǔ	詰まっている、渋滞している
主路	zhǔlù	幹線道路
小路	xiǎolù	小道、わき道
更	gèng	もっと

⑶ A：月 流量① 只 有 两 G②，太 少③ 了 吧。

这 个 二十 G 的④ 怎么样？

B：确实 有点儿 少③，不过 也 不 用 买⑤ 那么 多⑥。

①	空调 的 温度	肉菜	小论文
②	有 十八 度	点了 一 个	写了 一千 字
③	低	少	短
④	升 五 度	再 点 两 个	写到 三千 字
⑤	④の動詞を用いる		
⑥	③の反対語を用いる		

A：貴方はTシャツ一枚しか着てなくて、薄すぎるだろう。

セーターを着たらどうですか。

B：確かにちょっと薄いが、そこまで厚着しなくても良い。

〈 你、 薄、 厚、 穿、 穿上 毛衣、 穿 一 件 T 恤 〉

温度	wēndù	温度
度	dù	度
低	dī	低い
升	shēng	上がる
肉菜	ròucài	肉料理
短	duǎn	短い
T 恤	T-xù	Tシャツ

⑷ A：这 款 手机① 性价比② 很 高②。

B：那 你 拿③出来④ 让 我 试⑤ 一下 吧。

①	那儿 的 珍珠奶茶	这 顶 帽子	我 男朋友・女朋友
②	人气 — 高	设计 — 时尚	性格 — 开朗
③	买	摘	带
④	回来	下来	回来
⑤	尝	戴	认识

A：この論文は主張がとても斬新です。

B：では送ってきて読ませてください。

〈 发、 看、 过来、 观点 — 新颖、 这 篇 论文 〉

珍珠奶茶	zhēnzhū nǎichá	タピオカミルクティー
人气	rénqì	人気（がある）
尝	cháng	食べてみる、味見する
顶	dǐng	帽子を数える量詞
帽子	màozi	帽子
设计	shèjì	デザイン（する）、設計（する）
时尚	shíshàng	ファッショナブル、トレンディ
摘	zhāi	（帽子やメガネなどを）外す
开朗	kāilǎng	（性格が）明るい
观点	guāndiǎn	主張、観点
新颖	xīnyǐng	目新しい

6. 和文中訳：中国語に訳し、漢字（簡体字）で書いてみよう。さらに、④と⑤を用いて会話してみよう。

① さあ、帰ろう（＝私たち帰っていこう）。

訳：＿＿＿＿＿＿＿＿＿＿＿＿＿＿＿＿＿＿＿＿

② こちらはあなたのクレジットカードです。お持ちください。

訳：＿＿＿＿＿＿＿＿＿＿＿＿＿＿＿＿＿＿＿＿

③问：私が手伝う（＝私に手伝わせる）必要がありますか。

訳：＿＿＿＿＿＿＿＿＿＿＿＿＿＿＿＿＿＿＿＿＿＿＿＿

答：大丈夫です。まずは私に自分でやらせてみてください（＝試させてください）。

訳：＿＿＿＿＿＿＿＿＿＿＿＿＿＿＿＿＿＿＿＿＿＿＿＿

④ 貴方の両親は彼氏／彼女と交際することを許してくれますか。

（〔友達、恋人などと〕交際する，付き合う：交 jiāo）

訳：＿＿＿＿＿＿＿＿＿＿＿＿＿＿＿＿＿＿＿＿＿＿＿＿

答：＿＿＿＿＿＿＿＿＿＿＿＿＿＿＿＿＿＿＿＿＿＿＿＿

⑤问：オススメの○○がありますか。（○○は自由）

訳：＿＿＿＿＿＿＿＿＿＿＿＿＿＿＿＿＿＿＿＿＿＿＿＿

答：××がわりとオススメです。〈理由もなるべく述べること〉（××は自由）

訳：＿＿＿＿＿＿＿＿＿＿＿＿＿＿＿＿＿＿＿＿＿＿＿＿

7. 空欄補充：与えられた語を使って（ ）a.～l.内の空欄を埋め、登場人物の動きを下記の「移動方式などを表す動詞＋単純方向補語」を使って述べてみよう。

田中和近东（a.　　）（b.　　）手机营业厅。

田中（c.　　）（d.　　）护照，营业员（e.　　）（f.　　）护照。复印完以后，营业员（g.　　）（h.　　）护照。田中（i.　　）（j.　　）护照。近东让营业员（k.　　）（l.　　）她推荐的手机，让他们试一下。

［移動方式や移動を引き起こす動作：接、还、拿、拿、收、走

単純方向補語：出、出、过、回、进、起 ］

8. 作文練習：ある授業の内容を紹介してみよう。

062

（文例）

每 个 星期 三， 我 有 一 节 汉语 课。
Měi ge xīngqī sān, wǒ yǒu yì jié Hànyǔ kè.

课 前，老师 让 我们 预习 生词 和 语法。课上，老师 让
Kè qián, lǎoshī ràng wǒmen yùxí shēngcí hé yǔfǎ. Kèshang, lǎoshī ràng

我们 做 练习，读 课文。课 后，老师 让 我们 复习 课上
wǒmen zuò liànxí, dú kèwén. Kè hòu, lǎoshī ràng wǒmen fùxí kèshang

学习 的 内容。
xuéxí de nèiróng.

这 个 课 期末 要 考试，但是 平时 不用 写 作业。
Zhè ge kè qīmò yào kǎoshì, dànshì píngshí búyòng xiě zuòyè.

◇語彙◇

节：授業のコマを数える量詞
预习：予習する
读：読む
生词：新出単語
复习：復習する
考试：試験、試験をする

◆ 以下の表現を使って作文しなさい。

听写 / 讨论 / 小测验 / 背 课文 / 做 报告 / 写 小论文

第十课　吃这方面我接受能力比较强。

文法ポイント：可能補語、“挺……（的）”、疑問詞“多”、原因を問う“怎么”、
“听……说”、指示詞と量詞を用いた同格表現
表現ポイント：食堂で注文する、程度を訊ねる、情報源を提示する

063

■生 词■

总算	zǒngsuàn	やっと、ようやく
还	hái	まだ（⇨《汉语课本》第 13 课ポイント①副詞“还”）
麻辣香锅	málàxiāngguō	〈料理名〉マーラー香鍋
来	lái	（注文や買い物する際）…をください
米饭	mǐfàn	ライス
中碗	zhōngwǎn	（茶わんの）並盛り
大碗	dàwǎn	（茶わんの）大盛り
微辣	wēilà	小辛
中辣	zhōnglà	中辛
特辣	tèlà	大辛
校园卡	xiàoyuán kǎ	（食堂などで使う）キャンパスカード
一共	yígòng	全部で、合計で
给	gěi	（ものを）与える、やる、くれる
……再 说	zài shuō	…してからにする
馅儿	xiànr	（餃子などの）餡、中身
茴香	huíxiāng	〈野菜〉ウイキョウ
北方人	Běifāngrén	北方の人
所以	suǒyǐ	だから
可能	kěnéng	多分、かもしれない
特别(2)	tèbié	特殊である、独特である
方面	fāngmiàn	方面
接受	jiēshòu	受け入れる
能力	nénglì	能力
强	qiáng	強い
俩	liǎ	二つ、二人
了	liǎo	（可能補語に用いられる）…できる；…しきれる

1. 並べ替え： ［ ］内の単語に単音節語を一語加えて、日本語の意味になるように単語を並べ替えて文を完成しよう。

① だから最初は食べ慣れないかもしれない。　［ 开始、所以、吃、惯、可能 ］

____

② ウイキョウというものは味が割りと独特です。

［ 比较、东西、茴香、特别、味道、种 ］

____

③ マーラー香鍋には小辛、中辛と大辛のがあるが、どれくらい辛いのが欲しいですか。　［ 微辣、中辣、特辣、麻辣香锅、你、和、有、的、的、要、辣 ］

____

④ 先生によれば中国の北方の人はよく食べるそうです。

［ 北方人、老师、中国、的、听、常、吃 ］

____

⑤ もう一時なのに、なぜまだこんなに多くの人がいるの。

［ 一点、人、已经、多、这么、了、有、怎么 ］

____

2. 問題１の①―⑤の文を会話として成り立つように適切な位置の下線部イ.～ホ.に入れてみよう。

（大学の食堂にて）

田中： 总算 找到 座位 了。イ.______________________________

自敏： 去 吧，我 在 这儿 等 你们。

近东，买 一 个 麻辣香锅，咱俩 一起 吃 吧。

（販売カウンターにて）

近东： 您好！来 一 个 麻辣香锅。

再 要 两 碗 米饭，一 个 中碗 的，一 个 大碗 的。

服务员： ロ.______________________________

近东： 要 微辣 的，刷 校园卡。

服务员： 一共 三十二 块 五。

麻辣香锅（a.　　　　　　　　　　），

你 在 旁边儿 等 一下。

（二人が席に戻り）

自敏：谢谢。这 碗 饭 是 我 的 吧。多少 钱？我 现在 给 你。

近东：回头 再 说 吧，先 吃饭。

田中，你 买 的 这 个 饺子 是 什么 馅儿 的？

田中：茴香 的。我 没 吃过。

ハ.________________________ 是 吗？

近东：嗯，ニ.________________________　ホ.________________________

田中：（一口食べて）（b.　　　　　　　　　　）。

吃 这 方面[注] 我 接受 能力 比较 强。

近东：这 个 麻辣香锅（c.　　　　　　　　　　），你 也 吃 一点儿 吧。

自敏：是 啊。不过 也 不用 勉强，

我 听说 日本人（d.　　　　　　　　　　），是 吗？

田中：现在 很 多 人 也 能 吃，（e.　　　　　　　　　　）。

【注】：ごく一部の時間詞や抽象名詞などは、量詞を伴わずに数詞や指示詞に後接できる。

064

3. 会話を聞き、以下の質問に対する回答を簡体字で書いてみよう（同時に問題 4 に取り組んでみよう）。

① 买 饭 的 时候，服务员 为 什么 让 近东 在 旁边儿 等 一下？

____

② 田中 觉得 茴香 馅儿 的 饺子 味道 怎么样？

____

③ 近东 为 什么 让 田中 也 吃 一点儿 麻辣香锅？

____

④ 自敏 为 什么 觉得 田中 吃 麻辣香锅 可能 有点儿 勉强？

____

⑤ 田中 能 吃 辣 的 吗？

____

064

4. 会話を聞き、問題２の（　）a.～e.の中に入る語句を簡体字で書き取ってみよう。

5. 置き換え練習：下線部をほかの語句に置き換えて、ペアで会話練習をしてみよう。（枠内の AB の日本語の意味になるように〈　〉内の語句を適切な順番で下線部に置き換え、文を作ってみよう。）

⑴ A：总算 找到 座位① 了。

B：已经 一 点② 了，怎么 还 有 这么 多 人③。

①	挤上来	能 晒 被子	做完 资料
②	过了 高峰	八 月	十二 月 三十 号
③	这么 挤	成 天 下 雨	不 放假

A：やっと（目的の場所に）着いた。

B：もう夜 10 時なのに、どうしてまだあんなに渋滞していたの。

〈 那么 堵、　到 地方、　晚上 十 点 〉

挤	jǐ	（体で）押し合いをする；混み合う
高峰	gāofēng	ピーク（時）
晒	shài	日に当てる
成 天	chéng tiān	毎日、いつも
下 雨	xià yǔ	雨が降る
资料	zīliào	資料

⑵ A：麻辣香锅① 有 微辣、中辣 和 特辣② 的，你 要 多 辣③ 的？

B：要 微辣④ 的。刷 校园卡⑤。

① 这 款 电脑　　　　这 种 哑铃　　　　这 款 围巾
② 一百二十八 G、二百五十六 G 和 五百一十二 G
　五 公斤、七 公斤 和 十 公斤
　七十 公分、一 米 和 一 米 五
③ 適当な形容詞を入れてみよう。
④ 自由に答えてみよう。
⑤〈支払方法〉：付 现金、 用 支付宝、 用 微信支付

A：マッサージのコースは45分、60分と90分がありますが、
　どれくらいの長さの（コース）をご希望ですか。
B：45分でお願いします。クレジットカードで。
〈 用 信用卡、 四十五 分 钟、 长 时间、 按摩 套餐、
四十五 分 钟、一 个 小时 和 一 个 半 小时 〉

款	kuǎn	（デザイン性のあるものの）種類を数える量詞
哑铃	yǎlíng	ダンベル
围巾	wéijīn	マフラー、スカーフ
微信支付	Wēixìn Zhīfù	ウィーチャットペイ
按摩	ànmó	マッサージ（をする）

⑶ A：你 买① 的 这 个 饺子② 是 什么 馅儿③ 的？

B：茴香④ 的。听 老师⑤ 说 中国 的 北方人 常 吃⑥。

①	借	下载	订
②	这 本 书	这 首 歌	高铁 票
③	哪 个 作家	谁 唱	什么 座儿
④	莫言	那 英	商务 座儿
⑤	电视上	朋友	坐过 的 人
⑥	他 得了 诺贝尔奖	她 声音 很 特别	挺 舒服 的

A：新しく購入したパソコンは何の（パソコン）ですか。

B：マックのです。詳しい人によれば結構使い勝手が良いそうです。

〈 苹果、 什么、 新 买、 懂行 的 人、 电脑、 挺 好用 的 〉

作家	zuòjiā	作家
莫言	Mòyán	（作家名）莫言
诺贝尔奖	Nuòbèi'ěr Jiǎng	ノーベル賞
下载	xiàzài	ダウンロードする
那 英	Nà Yīng	（歌手名）那英
高铁	gāotiě	高速鉄道
座儿	zuòr	〈口語〉 席、座席
商务	shāngwù	ビジネス（クラス）
苹果	Píngguǒ	アップル社
懂行	dǒngháng	玄人である、その道に明るい
好 用	hǎo yòng	使いやすい

⑷ A：茴香 这 种 东西① 味道② 比较 特别③，

开始 可能 吃④不惯。

B：挺 好吃⑤ 的。吃⑥ 这 方面 我 接受 能力 比较 强。

①	普洱 这 种 茶	京剧 这 种 艺术	北京 这 个 地方
②	味道	门槛儿	气候
③	特别	高	干燥
④	喝	听	住
⑤	好喝	有 意思	舒服
⑥	喝 茶	艺术	气候

A：臭豆腐という食べ物は匂いが刺激的で、最初は多分食べ慣れない。

B：結構美味しい。食べることに関して私は許容能力が割りと高い。

〈 吃、 吃、 好吃、 刺激、 味道、 臭豆腐 这 种 吃的 〉

普洱	pǔ'ěr	プーアル茶
京剧	Jīngjù	京劇
艺术	yìshù	芸術
门槛儿	ménkǎnr	〈喩〉敷居、ハードル
气候	qìhòu	気候
干燥	gānzào	乾燥している
刺激	cìjī	刺激的である
臭豆腐	chòudòufu	臭豆腐（豆腐を発酵させた食べ物）

6. 和文中訳：中国語に訳し、漢字（簡体字）で書いてみよう。指示がある場合はそれに従うこと。

① 無理しなくていい。

訳：____

② **甲：**いくらですか。（私は）今（あなたに）あげるから。

訳：____

乙：後にしましょう。

訳：____

③ “来”、“要”を使って2品以上の注文を取ってみよう。

甲：________________________________

合計金額と時間がかかることを伝えた上で、待ってもらうように伝えること。

乙：________________________________

④ 甲：先生の（言った）話、あなたは（聞いて）わかりますか。

（可能補語を用いる）

訳：________________________________

乙：早すぎると分からない。（“的话”と可能補語を用いる）

訳：________________________________

➢ 以上の会話を模倣し、可能補語を使って会話しなさい。

7. 空欄補充：（ ）a.～w.内の空欄を埋め、本文に基づいて、第三者の視点から（なるべく対応する和訳に頼らずに）述べてみよう。下線部イ.～ホ.には下記［ ］内の語句を入れること。

自敏想现在（a.　　　）近东钱，但是近东让她（b.　　　）吃饭，钱的事（c.　　　）。田中买了（d.　　　）馅儿的（e.　　　），因为她（f.　　　）老师（g.　　　）中国的北方人（h.　　　）。茴香（i.　　　）东西（j.　　　）比较（k.　　　），近东担心田中（l.　　　），但是田中觉得（m.　　　）的，イ.______吃这（n.　　　）她（o.　　　）能力比较（p.　　　）。近东ロ.______田中也吃一点儿（q.　　　），ハ.______他和自敏（r.　　　）。自敏（s.　　　）日本人不（t.　　　）能吃（u.　　　），ニ.______让田中不用（v.　　　）。但是田中说不太辣ホ.______她也接受（w.　　　）。

［所以、　因为、　因为、　的 话、　让］

〈和訳〉：自敏さんはすぐに近東さんにお金を渡そうと思っていたが、近東さんは彼女にとりあえずご飯を食べて、お金のことは後にしてもらうようにした。田中さんはウイキョウの餡の餃子を買った。なぜなら彼女は先生から中国の北方の人はよく食べると聞いていた。ウイキョウというものは味がわりと独特で、近東さんは田中さんが食べ慣れないかと心配していたから。しかし田中さんは結構美味しいと思った。なぜなら彼女は食べることに関して受容能力が比較的高いから。近東さんは田中さんにもマーラー香鍋を少し食べるよう勧めた。なぜなら彼と自敏さんでは食べきれないから。自敏さんは日本人があまり辛いものを食べられないと聞いていたから、田中さんに無理しなくて良いと言っていたが、田中さんは、あまり辛くなければ彼女も食べられる（＝受け入れられる）と言った。

8. 作文練習：可能補語を使って、中国語や英語などを勉強し始めた時と現在の状況を比較しながら述べてみよう。

065

（文例）

法语 这 种 语言 语法 和 发音 都 比较 难。
Fǎyǔ zhè zhǒng yǔyán yǔfǎ hé fāyīn dōu bǐjiào nán.

开始 的 时候，我 听不懂 课上 的 内容， 词汇 也 记不住。
Kāishǐ de shíhou, wǒ tīngbudǒng kèshang de nèiróng, cíhuì yě jìbuzhù.

学了 半 年 以后， 现在 课上 的 内容 我 能 听懂 七 八
Xuéle bàn nián yǐhòu, xiànzài kèshang de nèiróng wǒ néng tīngdǒng qī bā

成 了。 法语 的 文章， 词汇 比较 简单 的 话 我 也 看得懂 了。
chéng le. Fǎyǔ de wénzhāng, cíhuì bǐjiào jiǎndān de huà wǒ yě kàndedǒng le.

◇語彙◇

住：〈結果補語〉安定・固定している状態

词汇：語彙

成：〜 割

第十一课　你教得真好!

文法ポイント：“把”構文、様態補語、存現文、前置詞“跟”、“(一)～就…”、副詞“才”(1)
表現ポイント：作業の工程を説明する、活動・行為を評価する

066

■生 词■

包	bāo	包む、（餃子、肉まんなどを）作る
算	suàn	…と言える
其实	qíshí	実は
擀	gǎn	（生地をめん棒で）伸ばす
皮儿	pír	（餃子、肉まんなどの）皮
平	píng	平ら
注意	zhùyì	気をつける、注意する
四周	sìzhōu	まわり、周囲
留	liú	残す
空白	kòngbái	空白、余白
容易	róngyì	…しやすい、容易である
对折	duìzhé	左右対称に折る
捏	niē	（指で）つまむ、押しはさむ
中间	zhōngjiān	真ん中
两边	liǎngbiān	両サイド
抓	zhuā	つかむ
住	zhù	〈結果補語〉安定・固定している状態
窍门儿	qiàoménr	コツ
开	kāi	（お湯が）沸く
下(1)	xià	（茹でる為に餃子などを）お湯に入れる
尽量	jǐnliàng	なるべく、出来るだけ
接近	jiējìn	近づく
水面	shuǐmiàn	水面
水花儿	shuǐhuār	水しぶき
锅	guō	鍋
下(2)	xià	（可能補語に用いられる）収容スペースがある
剩下	shèngxià	残る、余る

1. 並べ替え：［ ］内の単語に単音節語を一語加えて、日本語の意味になるように単語を並べ替えて文を完成しよう。

① 餡を皮の中心に置く。　［ 皮儿、中心、馅儿、在、放、的 ］

____

② 餡は入れ過ぎないように。　［ 放、馅儿、不、太、了、多、要 ］

____

③ 私が教えると、あなたはすぐにコツをつかんだ。

［ 你、抓、我、窍门儿、教、一、了、住 ］

____

④ 私も彼に学んだのだ。　［ 我、他、学、也、的、是 ］

____

⑤ この鍋にはすでに 20 数個の餃子が入れてある。

［ 饺子、这个锅、已经、二十、个、里、了、了、放 ］

____

2. 問題 1 の①—⑤の文を会話として成り立つように適切な位置の下線部イ.～ホ.に入れてみよう。

（国際交流イベントの手作り餃子パーティーにて）

田中：你 包 饺子 包得 真 好！平时 常 包 吧。

自敏：我 包得 不 算 好，（a.　　　　　　　　　　）。

其实 イ.______________________________

近东：你 太 谦虚 了。现在 咱俩 水平 差不多，

而且 你（b.　　　　　　　　　　）。

田中：近东，你 能 再 教 我 一 遍 吗？

刚才 老师（c.　　　　　　　　　　）。

近东：好。……先 把 皮儿 平 放在 手上，

然后 ロ.______________________________

自敏：注意 八.______________________

　　皮儿 的 四周 留出 一些 空白，（d.　　　　　　　　　　　）。

近东：对。然后 把 皮儿 对折，先 捏 中间，再 捏 两边。

　　…… 看，包好 了。

田中：你 教得 真 好！怪不得 自敏 要 跟 你 学。

近东：不 是 我 教得 好，是 你 学得 快。

　　二. ______________________

自敏：水 开 了，下 饺子 吧！

　　下 的 时候（e.　　　　　　　　　　　　　），这样 水花儿 小。

田中：ホ.__________________________ 放不下 了。

近东：那 把 剩下 的 放到 那 个 锅里 吧。

067

3. 会話を聞き、以下の質問に対する回答を簡体字で書いてみよう（同時に問題 4 に取り組んでみよう）。

① 自敏 觉得 她 和 近东 谁 包 饺子 包得 好？

____

② 近东 觉得 自敏 哪 个 方面 比 他 好？

____

③ 田中 为 什么 让 近东 再 教 他 一 遍？

____

④ 为 什么 要 在 皮儿 的 四周 留 一 些 空白？

____

⑤ 下 饺子 的 时候 要 注意 什么？

____

067

4. 会話を聞き、問題２の（　）a.～e.の中に入る語句を簡体字で書き取ってみよう。

5. 置き換え練習：下線部をほかの語句に置き換えて、ペアで会話練習をしてみよう。（枠内の A B の日本語の意味になるように〈 〉内の語句を適切な順番で下線部に置き換え、文を作ること。）

⑴ A：你 包 饺子① 包②得 真 好③！

B：我 包②得 不 算 好③，近东④ 包②得 才 好③ 呢。

①	做饭	游泳	打 篮球	唱 歌
②	適当な動詞を入れてください。			
③	好吃	快	好	好听
④	老陈	北岛	八村	米津

A：スケートがお上手ですね！

B：私なんか上手とは言えないよ。羽生こそが上手だよ。

〈 羽生、 滑冰、 滑、 好 〉

北岛	Běidǎo	北島
八村	Bācūn	八村
米津	Mǐjīn	米津
羽生	Yǔshēng	羽生
滑冰	huá//bīng	スケートをする

⑵ A：你 再 教 我 一 遍 吧。

刚才 老师 示范① 的 时候 我 没 看清楚②。

B：好，先 把 皮儿③ 平 放 在 手上④，

然后 把 馅儿⑤ 放在 皮儿 的 中心⑥。

① 教	示范	讲解
② 听明白	跟上	听见
③ 语音 输入 功能	肉末、蒜末 和 豆瓣酱	安全带
④ 打开	炒出 香味	系好
⑤ 输入 语言	切好 的 豆腐	车钥匙
⑥ 设成 中文 普通话	放进 锅里	插进 钥匙孔

A：もう一度教えてもらっていいですか。

さっき先生が解説した時は覚えられませんでした。

B：わかった。まず左手を清め、それから柄杓を左手に持ち替える。

〈 左手、 讲解、 长柄杓、 记住、 换到 左手、 洗干净 〉

语音	yǔyīn	音声
输入	shūrù	入力
功能	gōngnéng	機能
打开	dǎkāi	〈動補構造〉（スイッチなどを）オンにする
跟上	gēnshang	〈動補構造〉後につく、ついていく
末	mò	～の粉末、～おろし、～のひきわり
豆瓣酱	dòubànjiàng	豆板醬
炒	chǎo	炒める
香味	xiāngwèi	良い香り、良いにおい
切	qiē	切る
讲解	jiǎngjiě	解説する
安全带	ānquándài	シートベルト
系	jì	締める、結ぶ
插	chā	差し込む、挿す
孔	kǒng	小さい穴
长柄勺	chángbǐngsháo	柄杓

⑶ A：你 教①得 真 好！怪不得 自敏 要 跟 你 学②。

B：不 是 我 教①得 好，是 你 学③得 快。

我 一 教① 你 就 抓住 窍门儿④ 了。

①	讲	辅导	解释
②	大家 都 来 问 你	学生们 都 约 你 的 课	同学们 都 夸 你
③	理解	懂	明白
④	听懂	学会	抓住 重点

A:あなたは教えるのが本当にうまいですね！
どうりでみんなあなたの授業を選ぶわけです。
B:私が教えるのがうまいのではなく、あなたが学ぶのが速いのだ。
私が教えるとあなたはすぐに習得したわけだ。

〈 教、 学、 学会、 大家 都 选 你 的 课 〉

讲	jiǎng	説明する
理解	lǐjiě	理解する
辅导	fǔdǎo	（勉強などの）指導をする
解释	jiěshì	説明する、解釈する
夸	kuā	褒める
重点	zhòngdiǎn	重点

⑷ A：这 个 锅①里 已经 放②了 二十③ 多 个④ 饺子⑤ 了，放②不下 了。

B：那 把 剩下 的 放②到 那 个 锅①里 吧。

①	房间	箱子	鞋柜
②	住	装	放
③	自由に数詞を入れてみよう		
④	適当な量詞を入れてみよう		
⑤	人	书	鞋

A：このパソコンにはもう 100 本余りの映画が保存してあって、もう保存できない。

B：それじゃ残りをあのパソコンに保存しなさい。

〈 存、 电脑、 电影 〉

存	cún	保存する
鞋柜	xiéguì	靴箱

6. 和文中訳：中国語に訳し、漢字（簡体字）で書いてみよう。さらに③は下線部を他の語句に置き換えて、中国語で会話をしてみよう。

① 様態補語を用いて得意なことと不得手なことを述べてみよう。

____

② 中国語学習において、上手く習得できた部分とそうでない部分を述べてみよう。

____

③ 问：あなたの中国語は誰に習ったのですか。

訳：____________________________________

答：____________________________________

④ 乙さんの発話を引き出せるようなことを書いてみよう。

甲：____

乙：ご謙遜を。

訳：____

⑤ 乙さんの発話を引き出せるようなことを書いてみよう。

甲：____

乙：どうりであなたは○○大学に合格できたわけだ。　（○○は自由に入れる）

（考上 kǎoshàng：〔教育機関に〕合格する）

訳：____

7. 空欄補充：（　）a.～o.内の空欄を埋め、本文に基づいて、餃子を作る工程と注意事項（茹でる段階も含めてなるべく対応する和訳に頼らずに）を述べてみよう。下線部イ.～ハ.には下記［　］内の工程を述べるときに用いられる表現を入れること。

先把皮儿（a.　　　　）在（b.　　　），然后把（c.　　　　　）放在皮儿的（d.　　　　）。注意（e.　　　　）不要（f.　　　　）太多了，皮儿的（g.　　）留出（h.　　　　　），这イ.________容易包。再然后，把皮儿（i.　　　　　），先（j.　　　　），再（k　　　　　　），饺子就包好了。ロ.________水（l.　　　）了以后下饺子，下饺子的时候ハ.________（m.　　　　）让饺子（n.　　　　　），这样（o.　　　　　）。

［注意、是 为了（shì wèile：のためである）、接下来（jiēxialai：次に）］

〈和訳〉：まず皮を平らに手のひらに置き、それから餡を皮の中心に置く。餡は入れ過ぎないように注意してください。皮のまわりに余白を幾分残してください。これは包みやすくする為である。それから、皮を左右対称に折り畳み、まず真ん中を指で押し挟み、それから両サイドを押し挟んだら、餃子が包みあがる。次に、お湯が沸いてから餃子を入れる。入れる際になるべく餃子を水面に近づけるよう注意してください。こうすれば水しぶきが小さい。

8. 作文練習：“把”構文を二つ以上使用して、何らかの作業工程を述べてみよう。

068

（文例）

今天 我 说明 一下 怎么 做 蛋炒饭。 先 把 鸡蛋 打到
Jīntiān wǒ shuōmíng yíxià zěnme zuò dànchǎofàn. Xiān bǎ jīdàn dǎdào
碗里，放 适量 的 盐，把 鸡蛋 打散。然后 在 锅里 放 适量
wǎnli, fàng shìliàng de yán, bǎ jīdàn dǎsǎn. Ránhòu zài guōli fàng shìliàng
的 油， 用 大火 把 油 烧热。烧热 以后 把 鸡蛋 倒进 锅里，然后
de yóu, yòng dàhuǒ bǎ yóu shāorè. Shāorè yǐhòu bǎ jīdàn dàojìn guōli, ránhòu
把 米饭 倒在 鸡蛋上， 快速 翻炒。 最后，放 适量 的 盐 和
bǎ mǐfàn dàozài jīdànshang, kuàisù fānchǎo. Zuìhòu, fàng shìliàng de yán hé
味精 就 做好 了。
wèijīng jiù zuòhǎo le.

◇語彙◇

蛋炒饭：チャーハン
散：ばらばら
大火：強火
烧：火をかける
快速：すばやく
翻炒：勢いよく炒める
味精：味の素

第十二课　谁能用“敢”造个句?

文法ポイント：動詞の重ね型、助動詞“可以”、助動詞“敢”、疑問詞の不定用法、
難易を表す“好+動詞”、“多/少＋動詞（＋数量表現）”

表現ポイント：授業中の用語、許可を求める

069

■生 词■

点名	diǎn//míng	点呼する、出席を取る
到	dào	（点呼に対する返事）はい
信息	xìnxī	情報；メッセージ
大概	dàgài	多分；おおよそ
复习	fùxí	復習する
内容	nèiróng	内容
赶	gǎn	間に合うように急いで…する
结果	jiéguǒ	その結果、結局
继续	jìxù	前の引き続きで…する
掌握	zhǎngwò	把握する、マスターする
某	mǒu	某…、とある…
胆量	dǎnliàng	度胸、勇気
造句	zào//jù	文を作る
迟到	chídào	遅刻する
邮箱	yóuxiāng	メールボックス
组织	zǔzhī	（行事などを行うために）人を集める
旷课	kuàng//kè	授業を無断欠席する
阿部	Ābù	（人名）阿部
金 贤英	Jīn Xiányīng	（人名）金賢英
卡特	Kǎtè	（人名）カーター

1. 並べ替え：［ ］内の単語に単音節語を一語加えて、日本語の意味になるように単語を並べ替えて文を完成しよう。

① さっきの文は皆さん何か質問がありますか。

［ 大家、的、刚才、句子、什么、问题、有 ］

____

② “敢”の意味はちょっと把握し難い。　　［ 不、的、敢、掌握、太、意思 ］

____

③ その結果、十数分寝坊した（=十数分多めに寝た）。

［ 分、结果、钟、了、十、睡、几 ］

____

④ 一回休みを取ってもいいですか。　　［ 次、假、可以、吗、我、一 ］

____

⑤ 私は今後（怒られるのが怖くて）もう二度と遅刻しません。

［ 不、迟到、了、我、也、以后、敢 ］

____

2. 問題１の①―⑤の文を会話として成り立つように適切な位置の下線部イ.～ホ.に入れてみよう。

（教室にて、授業開始のチャイムが鳴った。）

老师： 同学们 好！现在 上 课。我 先 点名。

阿部！＜到！＞ 金 贤英！……

田中： 老师！金 同学 给 我 发 信息，说 她 起晚 了，

（a.　　　　　　　　　　　　　　　　　　）。

老师： 好，谢谢。卡特！＜到！＞ ……

我们 先（b.　　　　　　　　　　　　　　　　　　）。……

（金さんが教室に駆け込んできて）

金： 老师！真 对不起！昨天 熬夜 赶 报告，イ.______________________________

老师： 坐下 吧。以后 少 熬夜。

好，继续 上 课！ロ.____

卡特：老师！ハ.______________________________ 您 可以 再 讲讲 吗？

老师：“敢”的 意思 是“有 做 某事 的 胆量”。

谁 能 用 “敢” 造 个 句？…… 小金！

金：ニ.______________________________

（授業終了のチャイムが鳴り）

老师：好！今天 的 课 就 到 这里，

作业（c.　　　　　　　　　　　　　　　）发到 我 的 邮箱里。

（授業の後、教室にて）

田中：老师，我们 社团 下 星期（d.　　　　　　　　　　　　　　　），

ホ.______________________________

老师：社团活动 不 能 请假，不 来 上 课 的 话（e.　　　　　　　　）。

070

3. 会話を聞き、以下の質問に対する回答を簡体字で書いてみよう（同時に問題 4 に取り組んでみよう）。

① 金 同学 大概 迟到了 多 长 时间？

____

② 点完 名 以后 老师 让 大家 先 做 什么？

____

③ 作业 的 截止（jiézhǐ：締め切る） 时间 是 什么 时候？

____

④ 田中 为 什么 请假？

⑤ 因为 社团活动 不 来 上 课 算 什么？

070

4. 会話を聞き、問題２の（　）a.〜e.の中に入る語句を簡体字で書き取ってみよう。

5. 置き換え練習：下線部をほかの語句に置き換えて、ペアで会話練習をしてみよう。（枠内のABの日本語の意味になるように〈 〉内の語句を適切な順番で下線部に置き換え、文を作ること。）

⑴ A：金 同学① 给 我 发 信息② 说 她 起晚③ 了，

大概 十 分 钟④ 以后 到。

B：好，谢谢。我们 先 复习复习⑤ 上 节 课 的 内容⑥。

①	自由に置き換えてみよう。		
②	打 电话	发 邮件	发 微信
③	他/她 睡过头	地铁 晚点	路上 堵车
④	自由に置き換えてみよう。		
⑤	读一读	检查检查	看看
⑥	这 节 课 的 生词	上 节 课 的 作业	手头儿 的 资料

A：王さんが電話をくださって、
彼は乗り過ごしてしまい、あと15分ほどでつくそうです。
B：わかった、ありがとう。まず李くんの発表を聞いてみよう。
〈 听听、 老王、 打 电话、 一 刻 钟、 小李 的 报告、 他 坐过 站 〉

过头	guò//tóu	…し過ぎる
生词	shēngcí	新出単語
晚点	wǎn//diǎn	（公共交通機関が）定刻より遅れる

⑵ A：真 对不起①！

昨天 熬夜 赶 报告②，结果 多 睡③了 十 几 分 钟④。

B：坐下 吧，以后 少 熬夜⑥。

① 真 抱歉	真 不 好意思	让 你 久 等 了
② 熬夜 写 论文	跟 朋友 喝 酒	通宵 唱 卡拉 OK
③ 晚 起	多 喝	多 睡
④ 半 个 小时	几 杯	一会儿
⑤ 早 睡	少 喝 几 杯	少 出去 玩儿

A：お待たせしました。昨日目覚まし時計を設定するのを忘れて、その結果目覚めたのが 10 分遅かった。

B：座ってください。今後はしっかりして（＝多めに注意を払って）。

〈 晚醒、 多 注意、 让 你 久 等 了、 十 分 钟、 忘了 设 闹钟 〉

抱歉	bàoqiàn	申し訳なく思う
通宵	tōngxiāo	夜通し、一晩中
醒	xǐng	目が覚める

⑶ A：“敢”① 的 意思 不 太 好 掌握②，您 可以 再 讲讲 吗？

B：“敢”① 的 意思 是 “有 做 某事 的 胆量”③。

① 香饽饽	穿 小鞋	戴 高帽
② 理解	懂	把握
③ 受 欢迎 的 人 或 东西	暗地里 陷害 人	奉承 人

A：“吃错 药”の意味はちょっと分かり難いが、もう少し説明してもらえませんか。

B：“吃错 药”は「話していることややっていることがおかしい」という意味です。

〈 掌握，　吃错 药，　说话、做事 不 正常 〉

香 饽饽	xiāng bōbo	人気のある人やもの
受 欢迎	shòu huānyíng	人気がある、好かれる
或	huò	あるいは
穿 小鞋	chuān xiǎoxié	意地悪をする
暗地里	àndìli	こっそりと、裏で
陷害	xiànhài	（人を）陥れる
戴 高帽	dài gāomào	おだてる、お世辞を言う
奉承	fèngcheng	お世辞を言う
吃错 药	chīcuò yào	（言動が）おかしい
正常	zhèngcháng	正常である

⑷ A：我们 社团 组织 去 外地 集训①，可以 请 一 次 假② 吗？

B：社团 活动③ 不 能 请假④，不 来 上 课⑤ 的 话 只 能 算 旷课⑥。

① 我 憋不住 了	我 有 急 事	这 本 书 没 看完
② 停 一下 车	打 一 个 电话	借回去 看
③ 高速公路上	日本 的 电车里	这里 的 书
④ 停 车	打 电话	带出去
⑤ 想 上 厕所	想 打	想 在 家 看
⑥ 等到 休息站	下 车	复印

A：私は少し休みたいですが、有給休暇を一日使ってもいいですか。

B：この理由では有休を使えない。

出勤しなければ（その分の）給料を差し引くしかない。

〈 用 带薪假、 我 想 休息休息、 这 个 理由、

用 一 天 带薪假、 扣 工资、 不 来 上班 〉

憋	biē	我慢する、こらえる
高速公路	gāosù gōnglù	高速道路
上 厕所	shàng cèsuǒ	トイレに行く
休息站	xiūxizhàn	サービスエリア
急事	jíshì	急用
电车	diànchē	電車
带薪假	dàixīnjià	有給休暇
理由	lǐyóu	理由
扣	kòu	差し引く
工资	gōngzī	給料

6. 和文中訳：中国語に訳し、漢字（簡体字）で書いてみよう。指示がある場合はそれに従うこと。

① 今日の授業はここまでです。

訳：____

② 问：日本では電車の中で電話してもいいですか。（“可以”を使用）

訳：____

答：____

➢ 下線部を自由に置き換えて、会話してみよう。

③ 问：私は高いところに行く勇気はないが、あなたは？

訳：____

答：____

➢ 以上の会話に倣って、“敢”を使って会話してみよう。

④ 甲：“的 话”を使って一つ文を作ってもらってもいいですか。

訳：____

乙：〈作文〉____

➢ 以上の会話に倣って、互いに作文を出題しあってみよう。

7. 空欄補充：（ ）a.～m.内の空欄を埋め、本文に基づいて、金さんに関連する内容を、第三者の視点から（与えられた和訳になるべく頼らずに）述べてみよう。

小金昨天（a.　　　　　）赶（b.　　　），结果今天早上（c.　　　　　　）了（d.　　　　　　　　）。起床以后，她给田中（e.　　　　　　）说她（f.　　　　　　　），大概（g.　　　　　　　　　）到。到了以后，她（h.　　　　）老师（i.　　　　　）了（j.　　　　　）的理由。老师让她以后（k.　　　　　　　）。

课上，老师让大家（l.　　　　　）造句。小金造的句子是（m.　　　　　　　）。

〈和訳〉：金さんは昨日徹夜してレポートを書いていて、その結果今朝（予定より）十数分ほど多く寝てしまった。起きた後、彼女は田中さんにメッセージを送り、起きるのが遅くて、おおよそ 10 分後に着くと伝えた。着いた後、彼女は先生に遅刻の理由を説明し、先生は彼女に今後あまり徹夜しないようにと注意した。授業中、先生は皆に“敢”を使って文を作らせたが、金さんが作った文は「私は今後もう（怖くて）二度と遅刻しない」だった。

8. 作文練習：中国語の四字成語や諺などの慣用句を一つ取り上げ、例を挙げながらその意味や用法を説明してみよう。

071

（文例）

“津津有味” 这 个 成语 的 意思 不 太 好 掌握， 下面
“Jīn jīn yǒu wèi” zhè ge chéngyǔ de yìsi bú tài hǎo zhǎngwò, xiàmian

我 给 大家 讲一讲。 “津津有味” 的 意思 是“很 享受 某
wǒ gěi dàjiā jiǎng yi jiang. “Jīn jīn yǒu wèi” de yìsi shì “hěn xiǎngshòu mǒu

个 事物 的 滋味”。比如“她 吃 烤鸭 吃得 津津有味”、“小李
ge shìwù de zīwèi”. Bǐrú “tā chī kǎoyā chīde jīn jīn yǒu wèi”, “Xiǎo-Lǐ

津津有味 地 看完了 那 本 小说”。 要 注意 的 是，
jīn jīn yǒu wèi de kànwánle nà běn xiǎoshuō”. Yào zhùyì de shì,

“津津有味”和 日语 的「興味津々」不 一样。比如 日语里 不 能 说
“jīn jīn yǒu wèi” hé Rìyǔ de bù yíyàng. Bǐrú Rìyǔli bù néng shuō

「彼女は興味津々に北京ダックを食べている」。

◇語彙◇

成语：成語（四文字のものが多い）

下面：以下では

享受：楽しむ

滋味：味わい

比如：例えば

第十三课　看起来你的拖延症真得治治了。

文法ポイント：“起来”の派生的用法、推測の“应该”、受け身表現、連動文における付随様態の“着”、事態発生の早晩に関わる副詞“就”と“才”

表現ポイント：提案する、不満を言う

072

■生 词■

危险	wēixiǎn	危ない
要不	yàobu	（提案する際に）何なら
陪	péi	付き添う
底	dǐ	（年や月の）末
过年	guò//nián	正月を過ごす・祝う
直飞	zhífēi	（飛行機の）直航便
光	guāng	〈結果補語〉何も残っていない
转机	zhuǎn//jī	（飛行機の）乗り継ぎ
首尔	Shǒu'ěr	〈地名〉ソウル
唉	ài	（嘆き）ああ
看起来	kànqilai	どうも…のようだ
拖延症	tuōyánzhèng	PCN 症候群（先延ばし癖）
难受	nánshòu	具合が悪い；（精神的に）辛い、苦しい
数落	shǔluo	責める、説教する
提	tí	（ある話題に）ふれる
赚	zhuàn	稼ぐ

1. 並べ替え： ［ ］内の単語に単音節語を一語加えて、日本語の意味になるように単語を並べ替えて文を完成してみよう。

① なぜ今日になってようやく航空券の予約を思い出したの。

［ 想、 订、 今天、 你、 票、 起来、 怎么 ］

____

② 携帯を見ながら歩かないで。　［ 别、 路、 看、 你、 手机、 走 ］

____

③ 安い直行便の航空券は全部予約されきってしまった。

［ 的、 都、 订、 直飞机票、 光、 了、 便宜 ］

____

④ 実は田中さんは先月（早くも）私に話した。

［ 跟、 了、 其实、 上个月、 说、 田中、 我 ］

____

⑤ 今更予約するとなると、乗り継ぎのももう安くないはずだ。

［ 的话、 订、 才、 不便宜、 也、 现在、 应该、 转机的 ］

____

2. 問題 1 の①—⑤の文を会話として成り立つように適切な位置の下線部イ.～ホ.に入れてみよう。

（近東さんと自敏さんは歩道を歩いている）

近东：イ.____________________ 这样 太 危险 了。

自敏：我 订 机票，有 点儿 急。

要不（a.　　　　　　　　　　），弄完了 再 走。……

（マクドナルドにて）

自敏：终于 订好 了！真 不 好意思，让 你 等了 这么 久。

近东：没 事儿。去 哪儿 的 机票 呀？订起来 这么 花 时间。

自敏：田中 月 底 回 东京 过年，让 我 去 找 她 玩儿，

说（b.　　　　　　　　　　）。

近东：（c.　　　　　　　　　　），我 没 时间。

话说 你 现在 才 订 票 还 有 便宜 的 吗？

自敏：所以 我 着急 呀。

刚才 上网 一 看，ロ.____________________

近东：ハ.____________________

自敏：嗯，三千 多，（d.　　　　　　　　　　）。

唉！ニ.____________________

近东：那 ホ.______________________________

看起来 你 的 拖延症 真 得 治治 了。

自敏：唉! 机票 这么 贵 已经 很 难受 了，还 要 被 你 数落。

近东：好 好，不 提 了。到了 日本（e.　　　　　　　　　　　　　　），

把 机票 钱 赚回来。

073

3. 会話を聞き、以下の質問に対する回答を簡体字で書いてみよう（同時に問題 4 に取り組んでみよう）。

① 自敏 想 让 近东 陪 她 去 哪儿?

____

② 自敏 去了 东京 以后 可能 住在 哪儿?

____

③ 田中 只 邀请（yāoqǐng：誘う）了 自敏 吗?

____

④ 自敏 订 的 机票 在 哪儿 转机?

____

⑤ 近东 建议（jiànyì：提案する）自敏 怎么 把 机票 钱 赚回来?

____

073

4. 会話を聞き、問題２の（　）a.～e.の中に入る語句を簡体字で書き取ってみよう。

5. 置き換え練習：下線部をほかの語句に置き換えて、ペアで会話練習をしてみよう。（枠内の A B の日本語の意味になるように〈 〉内の語句を適切な順番で下線部に置き換え、文を作ること。）

⑴ A：别 看①着 手机① 走 路②， 这样 太 危险 了③。

B：要不 你 陪 我 去 麦当劳④，弄完⑤了 再 走⑥。

①	打 — 电话	看 — 电视	开 — 空调
②	开 车	吃饭	睡觉
③	违规	对 身体 不 好	容易 着凉
④	停 一下	录下来	先 开 一会儿
⑤	打完	吃完	凉快下来
⑥	开	看	关

A：感情的になったまま会いに行かないで。喧嘩になりやすいから。

B：まず少し冷静になったほうがいいかな。冷静になったら行く。

〈 去、去 见面、带 — 情绪、冷静下来、容易 吵起来、我 先 冷静冷静 〉

违规	wéi//guī	（主に交通の）規則に違反する
对	duì	…に対して（⇨《汉语课本》第 14 课ポイント③前置詞 “对”）
录	lù	録画する、録音する
着凉	zháo//liáng	体を冷やして風邪を引く
凉快	liángkuai	涼しい
关	guān	オフにする
带 情绪	dài qíngxù	不満や嫌な気持ちを抱く
冷静	lěngjìng	冷静である、落ち着く

⑵ A：真 不 好意思，让 你 等①了 这么 久②。

B：去 哪儿 的 机票③ 呀？订④起来 这么 花 时间⑤。

① 改　　　　　　　陪 孩子 玩儿　　　　　找
② 久　　　　　　　久　　　　　　　　　多 家 书店
③ 谁 写 的 论文　　他 不 知道 累　　　　那 本 书 是 不 是 绝版 了
④ 適当な動詞を入れなさい
⑤ 累　　　　　　　有 精神　　　　　　　费劲

A：申し訳ない。こんなに長い時間持たせてしまって。

B：カバンの中に何が入っているの。持ってみるとこんなにも重たい。

〈 久、 沉、 拿、 拿、 包儿里 放 什么 了 〉

改	gǎi	修正する、直す
绝版	juébǎn	絶版（になる）
包儿	bāor	カバン
沉	chén	重たい

⑶ A：你 现在 才 订 票① 还 有 便宜 的② 吗？

B：便宜 的 直飞 机票③ 大概 都 被 订光④ 了。

① 去 食堂　　　　　开始 找 对象　　　　去 商场
② 菜　　　　　　　合适 的　　　　　　打折 的 衣服
③ 好吃 的　　　　　年龄 相仿 的　　　　比较 好 的
④ 拿完　　　　　　娶走　　　　　　　抢光

A：今さら図書館に行って、まだ席があるの？

B：一人用の席はおそらく全部取られている。

〈 占上、 座位、 一 个 人 的、 去 图书馆 〉

打折	dǎ//zhé	割引する
年龄	niánlíng	年齢
相仿	xiāngfǎng	（年齢が）近い
娶	qǔ	嫁をもらう
抢	qiǎng	奪う
占	zhàn	占拠する、占める
上	shàng	〈方向補語〉事物の表面に付着することを表す

⑷ A：其实 田中① 上 个 月② 就 跟 我 说③ 了。

B：那 你 怎么 现在 才 想起来 订 票④？

① 老师	我	这 个 作业
② 上 上 周	十 点 多	上 星 期
③ 通知 考试 范围	想 走	留
④ 开始 复习	说	动笔

A：実は私は 8 時にもう目が覚めていた。

B：じゃなぜ今になってやっと起きたの。

〈 我、 起、 醒、 八 点 〉

通知	tōngzhī	知らせる、通知（する）
范围	fànwéi	範囲
动笔	dòng//bǐ	書き始める

6. 和文中訳：中国語に訳し、漢字（簡体字）で書いてみよう。指示がある場合はそれに従うこと。

① わかった、わかった。（この話は）もうやめます。

訳：＿＿＿＿＿＿＿＿＿＿＿＿＿＿＿＿＿＿＿＿

② **问：**携帯を見ながら歩いても良いと思いますか。

（“觉得”と“可以”を使用すること）

訳：＿＿＿＿＿＿＿＿＿＿＿＿＿＿＿＿＿＿＿＿

答：＿＿＿＿＿＿＿＿＿＿＿＿＿＿＿＿＿＿＿＿

➢ 下線部を他の語に置き換えて、中国語で会話してみよう。

③ **甲：**私は今朝 6 時にもう起きた。あなたは？

訳：＿＿＿＿＿＿＿＿＿＿＿＿＿＿＿＿＿＿＿＿

乙：私は今朝 9 時に（やっと）起きたのだ。

訳：＿＿＿＿＿＿＿＿＿＿＿＿＿＿＿＿＿＿＿＿

➢ 以上の会話に倣って、“才、就”を使って会話してみよう。
（例：日常のルーティン、習い事を始めた年齢など）

④ **甲：**去年、私の携帯が壊されてしまった。

訳：＿＿＿＿＿＿＿＿＿＿＿＿＿＿＿＿＿＿＿＿＿＿＿＿＿＿＿＿＿＿

乙：誰に壊されてしまったの？（“的”構文を用いる）

訳：＿＿＿＿＿＿＿＿＿＿＿＿＿＿＿＿＿＿＿＿＿＿＿＿＿＿＿＿＿＿

甲：弟に壊されてしまったのだ。（“的”構文を用いる）

訳：＿＿＿＿＿＿＿＿＿＿＿＿＿＿＿＿＿＿＿＿＿＿＿＿＿＿＿＿＿＿

➢ 以上の会話に倣い、被害を被った経験について会話してみよう。

7. 空欄補充：（ ）a.～q.内の空欄を埋め、本文に基づいて、自敏さんに関する内容を、（与えられた和訳になるべく頼らずに）述べてみよう。下線部イ.～ニ.には下記［ ］内の語を入れること。

田中月底（a.　　）东京（b.　　　　），让自敏去（c.　　　　　），イ.＿＿＿说自敏去了以后（d.　　　　　）住她家。这件事田中上个月（e.　　）跟她（f.　　　），ロ.＿＿＿自敏今天才（g.　　　　　）订票，结果上（h.　　）一（i.　　），便宜的（j.　　　　　　）都被（k.　　　　）。ハ.＿＿＿自敏 ニ.＿＿＿买了在首尔（l.　　　　）的票。不过（m.　　　　　）的票也不（n.　　　　）了，要（o.　　　　　）。买了这么（p.　　　）的机票，自敏很（q.　　　　　）。

［ 但是、 还、 所以、 只好（zhǐhǎo：仕方なく） ］

〈和訳〉：田中さんは月末に東京に帰って正月を過ごすので、自敏さんを遊びに訪ねて来るよう誘った。また、自敏さんが来てから、自分の家に泊まっても良いと言った。このことは、田中さんは先月早くも彼女に話したが、自敏さんは今日になってやっと航空券を予約することを思い出した。その結果、ネットにアクセスして見てみると、安い直行便の航空券は全部予約されてしまった。そのため、自敏さんは仕方なくソウルで乗り継ぐチケットを買った。でも乗り継ぎのチケットももう安くなくて、3000元あまりかかった。こんなに高い航空券を買ってしまって、自敏さんはとても情けなく思った。

8. 作文練習：タイミングが遅かったせいで予定通りうまく行かなかった経験を述べてみよう。

074

（文例）

上　星期　天，我 想 去 家 附近 的 图书馆 学习。其实 我 八
Shàng xīngqī tiān, wǒ xiǎng qù jiā fùjìn de túshūguǎn xuéxí. Qíshí wǒ bā

点 就 起床 了，但是 九 点 三 刻 才 出门。到　图书馆 的
diǎn jiù qǐchuáng le, dànshì jiǔ diǎn sān kè cái chūmén. Dào túshūguǎn de

时候 已经 十 点 半 了，所有 的 座位 都 被　占上 了。我
shíhou yǐjīng shí diǎn bàn le, suǒyǒu de zuòwèi dōu bèi zhànshang le. Wǒ

真　后悔　没有 早 一点儿 起床。
zhēn hòuhuǐ méiyou zǎo yìdiǎnr qǐchuáng.

◇語彙◇

所有：全ての

后悔：後悔する

第十四课　您的建议对我帮助很大。

文法ポイント：形容詞の重ね型(1)、確認を表す“是不是”、“呢”(2)、前置詞“对”、
試行を表す“VV 看”、事態発生の見込みを表す助動詞“会”

表現ポイント：アドバイスを求める・与える、受験に関する表現

075

■生　词■

打算	dǎsuàn	…するつもりだ；考え
HSK	HSK	中国政府認定の中国語能力試験
级	jí	級、レベル
至少	zhìshǎo	少なくとも
对……来说	duì……láishuō	…にとって
信心	xìnxīn	自信、確信
一定	yídìng	きっと、必ず
HSKK	HSKK	中国語スピーキング能力試験
同时	tóngshí	同時である
部分	bùfen	部分
熟悉	shúxi	熟知している
阅读	yuèdú	読解する
小菜一碟	xiǎo cài yì dié	〈俗語〉朝飯前
书写	shūxiě	書く、ライティング
听力	tīnglì	聴解、リスニング
模拟题	mónǐ tí	模擬問題
最好	zuìhǎo	…した方が良い

1. 並べ替え：［　］内の単語に単音節語を一語加えて、日本語の意味になるように単語を並べ替えて文を完成しよう。

① あなた達日本人は漢字にとても馴染みがある。

［ 对、 汉字、 你们、 日本人、 熟悉 ］

____

② あなたはきっと問題ないはずだ（＝問題あるはずがない）。

［ 不、 的、 你、 问题、 一定、 有 ］

____

③ 私は模擬問題を何セットか真剣に取り組むつもりです。

［ 打算、 地、 模拟题、 认认真真、 套、 我、 做 ］

____

④ 私はあなた（の能力や可能性）を信じています。

［ 很、 你、 我、 信心、 有 ］

____

⑤ 私は彼に時間があるかどうか聞いてみます。

［ 看、 没有、 去、 问、 我、 时间、 他、 有 ］

____

2. 問題 1 の①―⑤の文を会話として成り立つように適切な位置の下線部イ.～ホ.に入れてみよう。

（教室棟の廊下にて）

田中：老师，我 打算 明年 一 月 考 HSK，

您 看 我 考 几 级 比较 好 呢？

老师：我 觉得 你 至少 可以 考 五 级，六 级（a.　　　　　　　　）。

田中：五 级 对 我 来 说（b.　　　　　　　　）？我 只 学了 一 年 半。

老师：イ.______________________

五 级 ロ.________________________ 你 不 考虑 六 级 吗？

田中：（c.　　　　　　　　　　），先 考 五 级。

另外，HSKK 中级 我 也 想 一起 报名。

老师：嗯，一起 考 比较 好，（d.　　　　　　　　　　　　　　　　）。

田中：那 您 看 我 重点 要 提高 哪 个 部分 的 能力 呢？

老师：ハ.______________________________ 阅读 是 小菜一碟。

书写 应该 也 没 问题。问题 是 听力 和 口语。

田中：是。ニ.____

老师：这样 当然 很 好。

不过，口语 你 最好 找 个 中国人（e.　　　　　　　　　　　　　）。

田中：谢谢，您 的 建议 对 我 帮助 很 大。

我 有 个 语伴，ホ.________________________________

076

3. 会話を聞き、以下の質問に対する回答を簡体字で書いてみよう（同時に問題 4 に取り組んでみよう）。

① 老师 觉得 田中 考 六 级 一定 没 问题 吗？

____

② 考 五 级，田中 担心 什么？

____

③ 田中 为 什么 不 考虑 六 级？

____

④ 老师 为什么 说 HSKK 和 HSK 一起 考 比较 好？

____

⑤ 老师 建议 田中 怎么 准备 口语 考试？

____

076

4. 会話を聞き、問題 2 の（　）a.～e.の中に入る語句を簡体字で書き取ってみよう。

5. 置き換え練習：下線部をほかの語句に置き換えて、ペアで会話練習をしてみよう（与えられた語以外の語句を使っても良い）。（枠内の A B の日本語の意味になるように〈 〉内の語句を適切な順番で下線部に置き換え、文を作ること。）

⑴ A：我 打算 考 HSK①，你 看 考 几 级② 比较 好 呢？

B：我 觉得 你 可以③ 考 五 级④，六 级⑤ 也 可以 试试⑥看。

①	考研	买 件 大衣	换 台 电脑
②	考 哪 个 大学	什么 颜色	在 哪儿 买
③	至少 能	适合	可以
④	考上 北理工	黑色 的	上网 买
⑤	清华	棕色 的	量贩店
⑥	考考	穿穿	逛逛

A：小説を読んで中国語を勉強したいが、誰のを読めばいいと思う？

B：阿誠を読むのがいいかと思う。余華を読んでみるのも良い。

〈 可以、 读读、 读 阿城、 读 谁 的、 余华、 读 小说 学 中文 〉

考研	kǎo//yán	大学院の入学試験を受ける
考上	kǎoshang	（大学などに）受かる
北理工	Běilǐgōng	「北京理工大学」の略称
清华	Qīnghuá	「清華大学」の略称
适合	shìhé	ふさわしい、合う、似合う
黑色	hēisè	黒
棕色	zōngsè	ブラウン
阿城	Āchéng	〈作家名〉 阿城
余华	Yú Huá	〈作家名〉 余華

⑵ A：五 级① 对 我② 来 说 是 不 是 太 难 了③？

B：我 对 你④ 很 有 信心⑤，五 级① 不 会 有 问题⑥ 的。

①	这 个 价格	结婚	带 孩子
②	工薪 阶层	你	你
③	比较 贵	挺 恐怖 的	有点儿 麻烦
④	市场	婚姻	孩子
⑤	了解	抗拒	有 耐心
⑥	卖不出去	幸福	烦

A：この仕事は彼にとって難しすぎるかな。

B：私は彼の能力をよくわかっている。

彼はこの（難易度の）仕事で手こずることはないだろう。

〈 他、 难倒 他、 清楚、 这 个 工作、 他 的 能力、 太 困难 了 〉

工薪 阶层	gōngxīn jiēcéng	（収入のレベル）サラリーマン階層
市场	shìchǎng	マーケット、市場
了解	liǎojiě	（…について）よく知っている
婚姻	hūnyīn	婚姻
抗拒	kàngjù	拒んでいる、受け入れられない
幸福	xìngfú	幸せ（である）
带 孩子	dài háizi	子供の世話をする
烦	fán	煩わしい、面倒である
耐心	nàixīn	辛抱強さ、根気
难倒	nándǎo	〈動補構造〉（難しくて）困らせる、参らせる

⑶ A：你 不 考虑 六 级① 吗？

B：我 想② 慢慢儿③ 来④。

① 结婚	减肥	跟 她 表白
② 不 想	想	只 敢
③ 早早儿	美美 地	默默 地
④ 定下来	吃 一 顿	喜欢 她

A：あなたは就職を考えていないの？

B：私は（今）ちゃんと授業を受けようとしか思っていない。

〈 只 想、 上 课、 找 工作、 好好儿 〉

定	dìng	決まる、落ち着く
减肥	jiǎn//féi	ダイエットする
美美	měiměi	思う存分
表白	biǎobái	告白する
默默	mòmò	黙々と、心の中で

⑷ A：你 对 汉字① 很 熟悉②，阅读 是 小菜一碟③。

问题 是 听力 和 口语④。

B：我 打算 认认真真⑤ 地 做 几 套 模拟题⑥。

① 开 车	颜色	自己 的 专业
② 有 感觉	敏感	了解
③ 路考 不 是 问题	有 当 画家 的 潜质	专业 考试 没 问题
④ 笔试	基本功	外语
⑤ 反反复复	规规矩矩	扎扎实实
⑥ 背 几 遍 交规	从 基础 练起	记 生词

A：あなたは彼女にとても優しくしてあげているから、
彼女はきっとあなたの気持ちをわかってくれている。
問題は彼女がどう思っているかだ。

B：私は一回はっきりと彼女に聞くつもりだ。

〈 明明白白、她、她 一定 明白 你 的 心意、她 怎么 想、问 她 一 次、殷勤〉

感觉	gǎnjué	感覚、センス
路考	lùkǎo	（運転免許を取得する為の）路上試験
笔试	bǐshì	筆記試験
反复	fǎnfù	繰り返す
交规	jiāoguī	「交通規則」の略
敏感	mǐngǎn	敏感である
当	dāng	（職業などを）つとめる、…になる
画家	huàjiā	画家
潜质	qiánzhì	潜在的な素質
基本功	jīběngōng	（ある専門の）基礎的な技能や知識
规矩	guīju	きちんとしている、真面目である
基础	jīchǔ	基礎
扎实	zhāshi	着実である、手堅い
殷勤	yīnqín	優しくする、慇懃である
心意	xīnyì	（他人に対する）思い、気持ち

6. 和文中訳：中国語に訳し、漢字（簡体字）で書いてみよう。さらに①②③は下線部を他の語句に置き換え、④は“会”を含む他の語句に置き換えて中国語で会話してみよう。

① **甲：**あなたは最近何に興味を感じていますか。

（…に対して興味を持つ：对…感 兴趣 gǎn xìngqù）

訳：

乙：私は最近阿城の小説に興味を感じています。あなたも読んでみたら？

訳：

② **甲：**あなたにとって中国語は難しいですか。

訳：

乙：朝飯前です。

訳：

③ **甲:** 私の中国語はどの部分の能力を重点的に上げる必要があると思いますか。

訳：＿＿＿＿＿＿＿＿＿＿＿＿＿＿＿＿＿＿＿＿＿＿＿＿＿＿＿＿＿＿

乙： 読解は問題ないはずです。問題はリスニングと会話ですね。

訳：＿＿＿＿＿＿＿＿＿＿＿＿＿＿＿＿＿＿＿＿＿＿＿＿＿＿＿＿＿＿

④ **甲：** あなたは明日雨が降ると思いますか。　（“会”を用いて）

訳：＿＿＿＿＿＿＿＿＿＿＿＿＿＿＿＿＿＿＿＿＿＿＿＿＿＿＿＿＿＿

乙： 私は明日雨が降らないと思います。

訳：＿＿＿＿＿＿＿＿＿＿＿＿＿＿＿＿＿＿＿＿＿＿＿＿＿＿＿＿＿＿

⑤ “最好”を使って相手に何かのアドバイスをしてください。

甲： ＿＿＿＿＿＿＿＿＿＿＿＿＿＿＿＿＿＿＿＿＿＿＿＿＿＿＿＿＿＿

乙： ありがとう。あなたのアドバイスはとても助かります。

訳：＿＿＿＿＿＿＿＿＿＿＿＿＿＿＿＿＿＿＿＿＿＿＿＿＿＿＿＿＿＿

7. 空欄補充： （　）a.～k.内の空欄を埋め、本文中の先生の意見を、第三者の視点から述べてみよう。下線部イ.～ハ.には下記［　］内の語を入れること。

田中打算明年考 HSK 和 HSKK。

老师对她的汉语能力（a.　　　　　　　　），觉得 HSK 她（b.　　　　）可以（c.　　　　　），六级也（d.　　　　　　　）。

老师觉得日本人对（e.　　　　　　），所以阅读是（f.　　　　　　），书写（g.　　）也没问题，问题是（h.　　　　　　　）。老师イ.＿＿＿＿＿田中（i.　　　　　　　）地做几套模拟题的ロ.＿＿＿＿＿，同时ハ.＿＿＿＿＿＿她，口语最好（j.　　　　　）给她（k.　　　　　　　　　　）。

［建议、 想法（xiǎngfǎ：考え）、 赞同（zàntóng：賛同する）］

〈和訳〉：田中さんは来年 HSK と HSKK を受験するつもりだ。先生は彼女の中国語能力に確信があって、HSK なら彼女は少なくとも 5 級を受けることができ、6 級もトライしても良いと考えている。先生の考えでは、日本人は漢字にとても馴染みがあるので、読解は朝飯前で、ライティングも問題ないはずだ。問題はリスニングとスピーキングである。先生は真面目に模擬問題を何セットか解くという田中さんの考えに賛同していて、同時に、スピーキング能力がどうなのか聞いてくれる人を見つけた方が良いと彼女にアドバイスした。

8. 作文練習：ある一回の受験（大学入試など）の準備について文章を書いてみよう。

077

（文例）

去年 我 参加了 高考。 我 一直 对 文科 比较 有 信心，
Qùnián wǒ cānjiāle Gāokǎo. Wǒ yìzhí duì wénkē bǐjiào yǒu xìnxīn,

语文、 英语 和 文科 综合 都 没 什么 问题。 问题 是 数学。
yǔwén、 Yīngyǔ hé wénkē zōnghé dōu méi shénme wèntí. Wèntí shì shùxué.

为了 准备 数学 考试， 我 认认真真 地 做了 十 几 套
Wèile zhǔnbèi shùxué kǎoshì, wǒ rènrènzhēnzhēn de zuòle shí jǐ tào

模拟 题，还 找 家教 给 我 看看 做得 怎么样。
mónǐ tí, hái zhǎo jiājiào gěi wǒ kànkan zuòde zěnmeyàng.

最后 我 的 数学 成绩 提高 了， 如愿 考上了 北京大学。
Zuìhòu wǒ de shùxué chéngjì tígāo le, rúyuàn kǎoshangle Běijīng Dàxué.

◇語彙◇

高考：大学の入学試験
一直：ずっと
文科：文系の科目
语文：国語
文科综合：文科総合（歴史・地理・政治を含む）
为了：…のため
如愿：願い通り

第十五课　这就是“中国特色”。

文法ポイント：数量表現の前に用いる“才”、対象限定の“就”、“疑問詞＋都”、
前置詞“从”、前置詞“向”、近接未来の表現、積極性の“来”
表現ポイント：道を尋ねる、中国の鉄道事情

078

■生 词■

好	hǎo	本当に、なんて（感嘆に多く用いる）
期待	qīdài	期待（する）、楽しみにしている
顺便	shùnbiàn	ついでに
没 想到	méi xiǎngdào	（～とは）思いもよらなかった （⇨《汉语课本》第 19 课③“没想到…”）
可不	kěbu	〈慣用句〉そうだとも、そうだよ
各位	gèwèi	各位、皆様
旅客	lǚkè	旅客
开往	kāiwǎng	…行き
次	cì	（電車、飛行機などの）便名
列车	lièchē	列車
检票	jiǎnpiào	検札する
乘坐	chéngzuò	乗る
站员	zhànyuán	駅員
头儿	tóur	（物体の）端、（物事の）始まり・終わり
马上	mǎshàng	すぐ、直ちに
轮	lún	順番に当たる、順番にやる
乱	luàn	散らかっている
撑	chēng	（袋などの口を）ぴんと広げる
吓	xià	びっくりさせる、脅かす
死	sǐ	〈結果補語〉程度が甚だしい
出示	chūshì	（主に身分証明を）呈示する

1. 並べ替え：［ ］内の単語に単音節語を一語加えて、日本語の意味になるように単語を並べ替えて文を完成しよう。

① 22番改札口は右側の道を直進する（＝前へ進む）のですか。

［二十二号检票口、前、右边的路、走、是、向、吗］

____

② ここから高速鉄道でたったの30分です。

［半、从、高铁、个、小时、这儿、坐］

____

③ もうすぐ私達の番です。　　［就、轮到、马上、要、咱们］

____

④ なぜ何をするにも身分証明を呈示する必要があるのだろう。

［出示、干、呢、要、什么、证件、怎么］

____

⑤ 私がカバンの口を広げていてあげましょう。

［包儿、把、撑开、来、你、我］

____

2. 問題1の①―⑤の文を会話として成り立つように適切な位置の下線部イ.～ホ.に入れてみよう。

（北京南駅の構内にて）

田中： 谢谢 你 这 次 带 我 去 天津 玩儿。好 期待 呀！

近东： 没 事儿。本来 我（a.　　　　　　　　），顺便 带 你 玩儿。

田中： 不过，我 真 没 想到 从 北京 到 天津 这么 快。

近东： 可不，イ.________________（b.　　　　　　　　）。

【駅内放送】：各位旅客，你们好！从北京南开往天津的 G387 次列车就要检票了，
乘坐 G387 次列车的旅客，请您到 22 号检票口检票。

近东：您 好！请问 ロ.______________________________

站员：对！向 前 走 二百 米，到 头儿，（c.　　　　　　　　）就 是。

近东：谢谢！……（改札口に着き、列に並ぶ二人）

ハ.____________________ 把（d.　　　　　　　　　）吧。

田中：好……哎呀，包儿里 太 乱 了，我（e.　　　　　　　　）。

近东：别 着急，ニ.________________________ 你 好好儿 找找。

田中：有 了！吓死 我 了！话说 ホ.________________________

近东：这 就 是 “中国 特色”，你 得 习惯。

079

3. 会話を聞き、以下の質問に対する回答を簡体字で書いてみよう（同時に問題 4 に取り組んでみよう）。

① 近东 为 什么 说 他 是 顺便 带 田中 玩儿？

____

② 从 学校 到 北京南站 快 还是 从 南站 坐 高铁 到 天津 快？

____

③ 去 22 号 检票口 要 先 向 前 走到 头儿， 然后 怎么 走？

____

④ 检票 的 时候 田中 要 出示 什么？

____

⑤ 田中 为 什么 着急？

____

079

4. 会話を聞き、問題２の（　）a.～e.の中に入る語句を簡体字で書き取ってみよう。

5. **置き換え練習：**下線部をほかの語句に置き換えて、ペアで会話練習をしてみよう（与えられた語以外の語句を使っても良い）。（枠内の A B の日本語の意味になるように〈 〉内の語句を適切な順番で下線部に置き換え、文を作ること。）

⑴ A：谢谢 你 帯① 我 去 天津 玩儿②。

B：没 事儿。本来 我 也 要 回 家③，顺便 帯① 你 玩儿④。

①	给	帮	陪
②	做 饭	买 书	回 家
③	得 吃	路过 那 家 书店	住在 附近
④	做 一 份儿	买 一下	走走

A：銀行まで送ってくれてありがとう。

B：遠慮しないで。元々お金を下ろすつもりで、ついでに送るだけだから。

〈 送、　过去、　去 银行、　想 取 点儿 钱 〉

份儿	fènr	取り分、分け前
路过	lùguò	通りかかる、経由する

⑵ A：我 真 没 想到 从 北京 到 天津① 这么 快②。

B：可不，从 这儿 坐 高铁③ 才 半 个 小 时④，

比 从 学校 到 这儿⑤ 还 快②。

①	小吴	成都 的 房子	梵蒂冈
②	小	便宜	小
③	他	小独栋	全国
④	十八 岁	二百 万 人民币	不 到 0.5 平方公里
⑤	我 儿子	上海 的 一 套 一居室	东京 迪士尼 乐园

A：東京から上海まではこんなに近いとは思わなかった。

B：そうよ。直線距離はたった 1700 キロで、沖縄よりも近い。

〈 近、 到 冲绳、 直线 距离、 从 东京 到 上海、 一千七百 公里 〉

房子	fángzi	家、家屋
小独栋	xiǎodúdòng	一戸建て、一軒家
人民币	Rénmínbì	人民元
一居室	yìjūshì	1LDK
梵蒂冈	Fàndìgāng	バチカン
全国	quánguó	全国
平方	píngfāng	平方
公里	gōnglǐ	キロメーター
直线	zhíxiàn	直線

⑶ A：包儿里① 太 乱② 了，我 找不到 护照③。

B：别 着急④，我 来 给 你 把 包儿 撑开⑤。

①	量	盖子	生词
②	大	紧	多
③	吃不完	打不开	看不懂
④	浪费	勉强	担心
⑤	打包	打开	翻译

A：労働力市場の競争が激しすぎて、仕事を見つけられない。

B：焦らないで。ちょっとコネを使ってあげる。

〈 着急、 激烈、 找找 人、 找不到 工作、 就业 市场 的 竞争 〉

打包	dǎ//bāo	（食べ残した料理を）持ち帰り用のパックに詰める
盖子	gàizi	フタ、（ペットボトルなどの）キャップ
就业	jiù//yè	就職する
竞争	jìngzhēng	競争
激烈	jīliè	激しい
找人	zhǎo//rén	人を探す；〈喩〉コネを使う

⑷ A：怎么 干 什么① 都 要 出示 证件② 呢？

B：这 就 是 “中国 特色”③，得 习惯④。

① 什么 地方	哪儿	哪 家 店
② 得 隔开 坐	没有 垃圾桶	只 卖 牛羊肉
③ 所谓 的“社交 距离”	日本 的 公园	回民街
④ 保持	把 垃圾 带走	入乡随俗

A：なんでどこに行っても安全検査を受ける必要があるの？

B：これがいわゆる「安定維持対策」だ。従わなければならない。

〈 服从、 要 过 安检、 到 哪儿、 所谓 的“维稳” 〉

隔开	gékāi	間隔をあける
所谓	suǒwèi	いわゆる
社交 距离	shèjiāo jùlí	ソーシャルディスタンス
保持	bǎochí	保つ；保持する
垃圾桶	lājī tǒng	ゴミ箱
牛羊肉	niú yáng ròu	牛と羊の肉
回民街	Huímín Jiē	イスラム街
入乡随俗	rù xiāng suí sú	郷に居ては郷に従え
服从	fúcóng	服従する、従う
安检	ānjiǎn	安全検査
维稳	wéi//wěn	社会安定を維持する

⑸ A：检票口 是 从 北边 的 路 向 前 走 吗?

B：对！向 北 走 二百 米，到 头儿 向 左 拐 就 是。

／不 是，是 从 东边 的 路 向 前 走 一百 米，

到 第 一 个 路口，向 右 拐。

➢ 地図にもとづき、下線部を置き換えて会話してみよう。

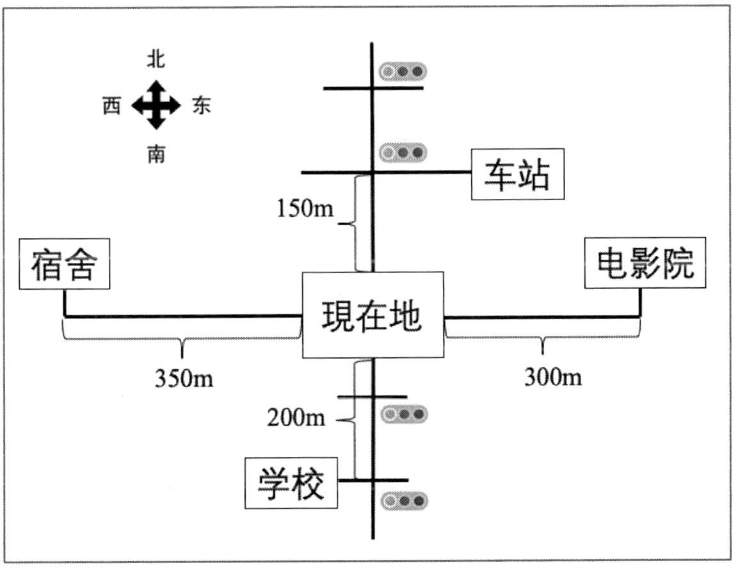

6. 和文中訳：中国語に訳し、漢字（簡体字）で書いてみよう。さらに②④は下線部を他の語句に置き換えて中国語で会話してみよう。③は会話を参考に、“来”を使って役割分担を決める会話を作ること。

① びっくりした！

訳：＿＿＿＿＿＿＿＿＿＿＿＿＿＿＿＿＿＿＿＿

② 甲：私はどんな動物もパンダほど可愛くないと思う。あなたは？

訳：＿＿＿＿＿＿＿＿＿＿＿＿＿＿＿＿＿＿＿＿

乙：私もそうだ。／私はどんな動物も○○ほど可愛くないと思う。

訳：＿＿＿＿＿＿＿＿＿＿＿＿＿＿＿＿＿＿＿＿

③ **甲：** 私達は来週バーベキュー（野外烧烤 yěwài shāokǎo）に行こう。

訳：______________________________

乙： じゃ、私が肉を買う（のを担当する）から、あなたは飲み物を買うのでいい（でしょう）？

訳：______________________________

甲： いや、私は食べる（のを担当する）。

訳：______________________________

④ **甲：** もうすぐ<u>私の誕生日</u>だ。　　（動詞は"到"を用いる）

訳：______________________________

乙：（自由に返事しなさい。）______________________________

7. 空欄補充：（　）a.～t.内の空欄を埋め、本文の内容を、（与えられた和訳になるべく頼らずに）第三者の視点から述べてみよう。下線部イ.～ニ.には下記［　］内の語を入れること。

近东的家在（a.　　　　），这周末他要（b.　　　　），顺便（c.　　　　）田中（d.　　　　）。（e.　　　　）北京南站（f.　　　　）天津，坐（g.　　　　）才（h.　　　　），（i.　　　　）从学校到北京南站（j.　　　　）快。

检票在（k.　　　　），イ.____（l.　　　　）前（m.　　　　），到头儿以后（n.　　　　）。ロ.______ 的时候，田中（o.　　　　）护照，很（p.　　　　）。近东（q.　　　　）她把（r.　　　　），ハ.____ 她（s.　　　　）。ニ.______ 她最后（t.　　　　）护照。

［ 所幸（suǒxìng：幸いなことに）、排队（pái//duì：列に並ぶ）、让、先 ］

〈和訳〉：近東さんの家（＝実家）は天津にある。今週末彼は家に帰る予定で、ついでに田中さんをつれて天津に遊びに行く。北京南駅から天津までは高速鉄道でたったの30分で、学校から北京南駅までよりもはやい。検札は22番改札口で、まず前に進み、突き当りまで行ったら左へ曲がる。列に並ぶ時、田中さんはパスポートを見つけられず、とても焦っていた。近東さんはカバンの口を広げてあげて、彼女によく探すようにアドバイスした。幸いなことに、ついに彼女はパスポートを見つけた。

8. 作文練習： “疑問詞＋都”を二回以上使用して、故郷について作文を書いてみよう。

080

（文例）

我 的 老家 在 北京。北京 是 个 国际 大都市，哪儿 的 人 都
Wǒ de lǎojiā zài Běijīng. Běijīng shì ge guójì dàdūshì, nǎr de rén dōu

有， 什么 地方 的 美食 都 能 吃到。 不过 什么 时候
yǒu, shénme dìfang de měishí dōu néng chīdào. Búguò shénme shíhou

天空 都 是 灰蒙蒙 的， 而且 到 哪儿 都 堵车。
tiānkōng dōu shì huīméngméng de, érqiě dào nǎr dōu dǔchē.

虽然 有 很 多 让 人 失望 的 地方，但是 北京 到 什么
Suīrán yǒu hěn duō ràng rén shīwàng de dìfang, dànshì Běijīng dào shénme

时候 都 是 我 的 故乡。
shíhou dōu shì wǒ de gùxiāng.

◇語彙◇

老家：ホームタウン、実家
美食：グルメ
天空：そら
灰蒙蒙：薄暗くてどんよりしている
虽然：…ではあるけれども
失望：がっかりする
故乡：ふるさと

第十六课　那儿现在正在搞活动。

文法ポイント：行為が進行中であることを表す“呢”と“在”、“有”を用いる連動文、
動詞接尾辞“着”、助動詞“应该”、“又……又……”

表現ポイント：他人の家に訪問する際の常用表現

081

■生 词■

年轻	niánqīng	若い
瞧	qiáo	〈口語〉見る
人家	rénjia	三人称代名詞(指示対象を持ち上げる気持ちを含む)
颜值	yánzhí	〈新語〉顔立ち・容貌のレベル
按	àn	(ボタンなどを) 押下する
门铃	ménlíng	ドアの呼び鈴、チャイム
剥	bāo	剥ぐ、むく
虾	xiā	エビ
像样	xiàng//yàng	様になっている、ちゃんとしている
礼物	lǐwù	プレゼント、おみやげ
清酒	qīngjiǔ	清酒
招待	zhāodài	もてなす、招待する
火锅	huǒguō	火鍋
锅子	guōzi	〈口語〉(主に火鍋用の) 鍋
电源	diànyuán	電源
烧	shāo	火にかける；燃やす
搞	gǎo	する、やる
意见	yìjiàn	意見
赵 卫红	Zhào Wèihóng	〈人名〉趙衛紅
东东	Dōngdong	王近東の幼名
古文化街	Gǔwénhuà Jiē	〈地名〉古文化街

1. 並べ替え：［ ］内の単語に単音節語を一語加えて、日本語の意味になるように単語を並べ替えて文を完成しよう。

① 鍋の電源は入っているの？　　［ 的、电源、开、锅子、吗、呢 ］

____

② あなた達がチャイムを鳴らした時、彼はエビを剥いていた。

［ 按、剥、门铃、你们、时候、他、虾、在 ］

____

③ つまらないものですが（あなたと奥さんに贈る何かちゃんとしたお土産もないですが）。

［ 您和阿姨、也、像样的礼物、什么、送、给 ］

____

④ 彼女は容姿端麗で話も上手だ。　　［ 高、说话、颜值、人家、又、又 ］

____

⑤ あなた達はもうすぐ着くはずだと、ちょうど思っていたところだった。

［ 你们、想、到、快、呢、正、着、应该 ］

____

2. 問題１の①―⑤の文を会話として成り立つように適切な位置の下線部イ.～ホ.に入れてみよう。

（王近東の実家の玄関前で）

近东母：哎哟！请 进，请 进！イ.______________________________

近东：妈，这（a.　　　　　　　　）田中 美结，我 的 语伴。

田中：阿姨 好！ 您 叫 我 美结 就 行。阿姨 真 年轻！

近东母：瞧瞧！ロ.______________________________ 比 你 强 多 了。

近东：是 是 是，我 颜值 又 低 又 不 会 说话。

我 爸 还 在 外边儿 买 菜 呢 吗？

近东母：没有，ハ.______________________________ 现在 正 洗 手 呢。

（王近東の父がキッチンから出てきて）

近东父：欢迎 欢迎！这 位 就 是 美结 同学 吧。

田中：叔叔 好！二.________________________________

这 是 日本 的 清酒，没 事儿 的 时候 可以 尝尝。

近东父：带 什么 礼物 呀！家里 也 没 什么 好吃 的 招待 你，

天 冷，吃 火锅。赵 卫红，ホ.______________________

近东母：刚 开，正 烧着 呢，（b.　　　　　　　　　　　　　）。

（四人が電気鍋を囲んで、食事をしている）

近东父：东东，你们 明天 还是 应该 去 古文化街 逛逛，

（c.　　　　　　　　　　　　　　　　）。

近东：我 也 是 这么 打算 的。而且 那儿 现在 正 在 搞 活动。

近东母：你们 俩（d.　　　　　　　　　　　　　　　）。

田中：没 事儿，阿姨。我 没有 特别 想 去 的 地方，

（e.　　　　　　　　　　　　　　　　）。

082

3. 会話を聞き、以下の質問に対する回答を簡体字で書いてみよう（同時に問題 4 に取り組んでみよう）。

① 近东 的 妈妈 以前 听说过 田中 吗？

____

② 近东 的 爸爸 和 田中 寒暄（hánxuān：あいさつする） 的 时候，火锅 的 水 开 了 吗？

____

③ 近东 的 爸爸 为 什么 建议 近东 和 田中 明天 去 古文化街？

____

④ 关于（guānyú：について）明天 的 安排，近东 的 妈妈 怎么 想？

____

⑤ 关于 明天 的 安排，田中 是 怎么 打算 的？

____

082

4. 会話を聞き、問題２の（　）a.～e.の中に入る語句を簡体字で書き取ってみよう。

5. 置き換え練習：下線部をほかの語句に置き換えて、ペアで会話練習をしてみよう（与えられた語以外の語句を使っても良い）。（枠内の A B の日本語の意味になるように〈 〉内の語句を適切な順番で下線部に置き換え、文を作ること。）

⑴ A：人家 颜值① 又 高① 又 会 说话②，比 你 强③ 多了。

B：是 是 是，我 颜值④ 又 低④ 又 不 会 说话⑤。

①	个子 — 高	学习 — 好	嗓音 — 好听
②	有 钱	多才多艺	受过 训练
③	受 欢迎	优秀	强
④	个子 — 矮	学习 — 差	嗓音 — 难听
⑤	穷	不 会 才艺	没 受过 训练

A：あの人は怒らないし、家事もできる。あなたよりずっと良い。
B：はいはいはい、僕はすぐ怒るし、家事もできない。
〈 好、 脾气 — 好、 脾气 — 差、 不 会 做 家务、 会 做 家务 〉

个子	gèzi	〈口語〉身長
矮	ǎi	低い
穷	qióng	貧乏である
优秀	yōuxiù	優秀である
差	chà	劣っている、悪い
才艺	cáiyì	（主に文化系の）特技
难听	nántīng	聞き苦しい、耳障りである
训练	xùnliàn	訓練（する）
家务	jiāwù	家事

⑵ A：他 还 在 外边儿① 买 菜② 呢 吗？

B：没有，你们 按 门铃③ 的 时候 他 在 剥 虾④，

现在 正 洗 手⑤ 呢。

①	学校	上海	那 家 公司
②	自习	出差	工作
③	你 到 家	你 来 找 他	上 次 见 他
④	洗澡	接待 客户	考虑 辞职
⑤	吹 头发	送 客户	准备 考 研

A：彼はまだオフィスで残業しているの？

B：いいえ。私がオフィスに戻った時、彼はものを片付けていた。
今は送迎バスを待っている。

〈 加 班、 办公室、 等 班车、 收拾 东西、 我 回 办公室 〉

吹	chuī	吹く；ドライヤーをかける
出差	chū//chāi	出張する
接待	jiēdài	接待する
客户	kèhù	取引先、得意先
送	sòng	（人を）送る、見送る
辞职	cí//zhí	辞職する
班车	bānchē	通勤用の送迎車
收拾	shōushi	片付ける

⑶ A：也 没 什么 像样 的 礼物 送给 您①，这 是 日本 的 清酒②。

B：带 什么 礼物③ 呀！

①	做 见面礼	孝敬 您	带给 您
②	一点儿 水果	两 瓶 茅台酒	几 盒 茶叶
③	买 什么 东西	干 吗 这么 破费	怎么 这么 客气

A：あなたに贈るちゃんとしたお土産もなく、ほんの気持ちです。

B：どうしてまたお金をかけて（お土産を買うの）。

〈 怎么 还 花 钱、 送给 您、 一点儿 心意 〉

做	zuò	…として用いる、…にする
见面礼	jiànmiànlǐ	初対面の人にあげる贈り物
孝敬	xiàojìng	孝行する；（目上の人に）贈り物をする
茅台酒	Máotáijiǔ	マオタイ酒（中国の名酒）
干 吗	gàn má	〈カジュアル〉何故、どうして
破费	pòfèi	（他人のために）散財する
盒	hé	（小さめの）箱

⑷ A：你们 应该 去 古文化街① 逛逛，比较 有 中国 味儿②。

B：我 也 是 这么 打算③ 的。

而且 那儿 现在 正 在 搞 活动④。

① 迪士尼	故宫	药妆店
② 老少咸宜	难得 来 北京	东西 物美价廉
③ 觉得	计划	想
④ 搞 圣诞 的 活动	办 灯会	打折

A：あなた達は台北故宮博物院を見に行くべきだ。たくさんの文化財があるよ。

B：私もそう思っている。しかもそこは今特別展を開催している。

〈 想、 办 特展、 台北故宫、 有 很 多 文物 〉

老少咸宜	lǎo shào xián yí	子供からお年寄りまで楽しめる
圣诞	Shèngdàn	クリスマス（“圣诞节”の略）
计划	jìhuà	計画（する）、予定（する）
办	bàn	（イベントなどを）行う、開催する
灯会	dēnghuì	伝統的な飾り灯篭を観る祭り
药妆店	yàozhuāngdiàn	ドラッグストア
物美价廉	wù měi jià lián	品質が良くて値段も安い
特展	tèzhǎn	（常設展に対して）特別展
台北	Táiběi	台北
文物	wénwù	（物品の）文化財

6. 和文中訳：中国語に訳し、漢字（簡体字）で書いてみよう。さらに①②③は下線部を他の語句に置き換えて中国語で会話してみよう。指示がある場合はそれに従うこと。

① 十年後の今日は、私は中国で仕事しているかもしれない。

（“可能”と“呢”を使うこと）

訳：________________________________

② **甲：**こちらが（この前）話した田中美結さんで、私の語学パートナーです。

訳：________________________________

乙：こんにちは、呼び方は美結で結構です。

訳：________________________________

③ **甲：**天津で旅行するなら、どこに行くべきですか。

訳：________________________________

乙：やはり古文化街に行くべきだ。割と中国の雰囲気があるから。

訳：________________________________

➢ 下線部を他の語句に置き換えて、観光スポットやご当地グルメなどを薦める会話を作ってみよう。

④ **甲：**（何かの提案をしてみよう。）________________________________

乙：私はあなたの意見に従う（＝あなたの言うことを聞く）。

訳：________________________________

7. 空欄補充：（ ）a.～t.内の空欄を埋め、本文の内容を、第三者の視点から述べてみよう。下線部イ.～へ.には下記［ ］内の語を入れること。

近东（a.　　　）田中去他父母家。他们（b.　　　　　）的时候近东的爸爸（c.　　　　），イ.________来开门的是（d.　　　　　　　　）。田中说近东的妈妈（e.　　　　　），这ロ.______近东的妈妈很ハ.________，ニ.________田中

（f.　　　　　）又（g.　　），又（h.　　　　　　　　）。

近东的爸爸（i.　　　）完（j.　　　）以后，从（k.　　　　）里出来跟田中说话。田中（l.　　　　）近东的父母一（m.　　　）日本的（n.　　　　　　）。近东的父母准备了火锅（o.　　　　　）田中。

吃饭的（p.　　　　），近东的爸爸ホ.______他们明天去（q.　　　　　　　）逛逛，ヘ.______那里比较（r.　　　　　　）。近东也是（s.　　　　　　）打算的，但近东的妈妈觉得他们俩应该（t.　　　　　　　　　　）。

［ 因为、 所以、 开心、 建议、 使、 夸 ］

8. 作文練習：“（正）在”、“着”を使って周囲の情景を述べてみよう。

083

（文例）

教室里，　窗户　都　关着，　灯　亮着。　外边　下着　雨。
Jiàoshìli, chuānghu dōu guānzhe, dēng liàngzhe. Wàibian xiàzhe yǔ.

同学们　　正　在 读 课文，老师 在　检查 大家　的 发音。
Tóngxuémen zhèng zài dú kèwén, lǎoshī zài jiǎnchá dàjiā　de fāyīn.

但是　我 和　田中　　没有　读 课文。他 在 睡觉，我 在　想
Dànshì wǒ hé Tiánzhōng méiyou dú kèwén. Tā zài shuìjiào, wǒ zài xiǎng

今天　晚饭　吃 什么。
jīntiān wǎnfàn chī shénme.

◇語彙◇

窗户：窓

灯：電灯

亮：明るい、明かりが点いている

第 十七 课　真 是 不幸中 的 万幸。

文法ポイント：“差点儿（没）”、前置詞“离”、“好几”、“从……到……”、
“一边……一边……”、“刚”
表現ポイント：距離について話す、幸いだったと喜ぶ、中国の空港事情

084

■生 词■

悬	xuán	危ない
趟	tàng	〈量詞〉往復の回数
关键	guānjiàn	肝心な（点）
怪	guài	…のせいである、責める
中途	zhōngtú	途中
多亏	duōkuī	幸い、…のおかげである
不幸中 的 万幸	búxìngzhōng de wànxìng	〈慣用句〉不幸中の幸い
富余	fùyu	余裕がある
登机口	dēngjī kǒu	（飛行機の）搭乗口
摆渡列车	bǎidù lièchē	空港内での移動のための電車（ピープル・ムーバー）
等	děng	…てから

1. 並べ替え：［ ］内の単語に単音節語を一語加えて、日本語の意味になるように単語を並べ替えて文を完成しよう。

① 危うくパスポートを寮に忘れてくるところだった。

［ 护照、宿舍、忘、里、差点儿、在、没 ］

____

② ここから搭乗口まではピープル・ムーバーに乗る必要もあるよ。

［ 摆渡列车、登机口、这儿、坐、呢、从、得、还 ］

____

③ 私が東京に行くまで（の時間）も、もうあと一週間しかないよ。

［ 东京、我、一个星期、了、去、有、也、只 ］

____

④ 危うくこの便に乗り損なうところだった。

［ 车、这、上、赶、差点儿、趟 ］

____

⑤ また何十分も待たなければならない。

［ 分、钟、十、等、得、又、好 ］

____

2. 問題１の①―⑤の文を会話として成り立つように適切な位置の下線部イ.～ホ.に入れてみよう。

（北京首都国際空港に向かうリムジンバスの車中にて）

自敏：刚才 真 悬 哪！イ.________________________

近东：刚 上来 车 就 开 了。没 赶上 的 话ロ.________________

自敏：等 会儿 没 关系，关键（a.　　　　　　　　　　　　）。

田中：都 怪 我 中途（b.　　　　　　　　　　）。

自敏：没 事儿。不过 多亏（c.　　　　　　　　　　）。

近东：嗯，ハ.____________________ 真 是 不幸中 的 万幸。

（ターミナル３にて、搭乗手続きを済ませた田中さんが二人のもとへ）

自敏：时间 不 太 富余，咱们（d.　　　　　　　　　　）吧。

近东：嗯，二.__________________________________

（国際出発の入り口にて）

田中： 谢谢 你们 来 送 我。自敏，回头 你 到了 东京 我 去 接 你。

自敏： 谢谢。ホ.________________________________ 咱们 东京 见！

近东： 咱俩 等（e.　　　　　　　　　　　　　　　　　）见。一路平安！

085

3. 会話を聞き、以下の質問に対する回答を簡体字で書いてみよう（同時に問題４に取り組んでみよう）。

① 没 赶上 这 趟 车 最 关键 的 结果 是 什么？

____

② 田中 做 什么 耽误（dānwu：遅らせる）了 赶 车 的 时间？

____

③ 田中 是 怎么 发现 的 自己 没 带 护照？

____

④ 办完 登机 手续 后 时间 不 太 富余，自敏 建议 怎么 做？

____

⑤ 近东 和 田中 下 次 见面 是 什么 时候？

____

085

4. 会話を聞き、問題２の（ ）a.～e.の中に入る語句を簡体字で書き取ってみよう。

5. 置き換え練習：下線部をほかの語句に置き換えて、ペアで会話練習をしてみよう（与えられた語以外の語句を使っても良い）。（枠内の A B の日本語の意味になるように〈 〉内の語句を適切な順番で下線部に置き換え、文を作ること。）

⑴ A：真 悬①！差点儿 没 赶上 这 趟 车②。

B：是 啊，刚 上来③ 车④ 就 开⑤ 了。

①	后怕	辣	让 人 吃惊
②	让 车 撞到	晕过去	没 认出来
③	躲开	吃 一 口	毕业
④	车	你	他
⑤	开过去	出汗	整容

A：危なかった！もう少しで扉に挟まれるところだった。

B：本当だよね。車内に入った途端、扉が閉まっていた。

〈 门、 关上、 危险、 进 车厢、 被 门 夹到 〉

后怕	hòupà	後から思い返して怖くなる
躲开	duǒkai	〈動補構造〉よける、どく
晕过去	yūnguoqu	気絶する
出汗	chū//hàn	汗をかく
吃惊	chī//jīng	驚く
认	rèn	識別する、弁別する
出来	chulai	〈方向補語〉知覚動詞の後に用いられ、物事の発見や識別を表す
整容	zhěng//róng	整形する
车厢	chēxiāng	（列車などの）車両
夹	jiā	挟む

⑵ A：没 赶上① 的 话 又 得 等② 好 几 十 分 钟③。

B：等 会儿④ 没 关系，关键 到 机场 以后 就 比较 紧张 了⑤。

①	剩 这么 多	不 及格	现在 不 买
②	要 罚	得 补	会 涨
③	百 日元	次 课	倍
④	罚 钱	补 课	涨 价
⑤	太 浪费 了	太 丢人 了	可能 买不到 了

A：（今回）取り逃がしたら、また何ヶ月も待たなければならない。

B：待つのはいいけど、問題は後でまた値上がりするかもしれないことだ。

〈 等 、 个 月、 错过 了 又 得 等、 回头 可能 又 会 涨价 〉

罚	fá	罰する
补课	bǔ//kè	補習する、補講する
倍	bèi	倍
涨价	zhǎng//jià	値上がりする
错过	cuòguò	（チャンスを）取り逃がす

⑶ A：多亏① 近东 让 你 再 检查检查②。

B：嗯，差点儿 没 把 护照 忘在 宿舍里③。真 是 不幸中 的 万幸④。

①	幸好	好在	幸亏
②	刹车 及时	带 伞 了	他 把 我 甩 了
③	撞上	被 淋到	嫁给 渣男
④	千钧一发	有备无患	塞翁失马焉知非福

A：幸い気づくのが早かった。

B：うん、もう少しで火事になるところだった。本当に幸いだ。

〈 幸亏、 引发 火灾、 万幸、 发现得 早 〉

刹车	shā//chē	ブレーキをかける
千钧一发	qiān jūn yí fà	危機一髪
好在	hǎozài	幸いにも
有备无患	yǒu bèi wú huàn	備えあれば憂いなし
幸亏	xìngkuī	幸いにも
嫁	jià	嫁ぐ
渣男	zhānán	〈新語〉クズ男、ロクでもない男
塞翁失马焉知非福	Sàiwēng shī mǎ yān zhī fēi fú	塞翁が馬
引发	yǐnfā	引き起こす
火灾	huǒzāi	火災
万幸	wànxìng	極めて幸いなこと

⑷ A：时间 不 太 富余，咱们 一边儿 走① 一边儿 说② 吧。

B：嗯，从 这儿③ 到 登机口④ 还 得 坐 摆渡 列车 呢⑤。

① 吃饭	写	往 教学楼 走
② 准备 资料	改	聊
③ 现在	今天	家属区
④ 开会	截稿	教学楼
⑤ 只 有 半 小时 了	只 有 一 周 了	得 走 半天 呢

A：時間にあまり余裕がないので、階段を降りながら話そう。

B：うん、一階からホームまで何階も降りなければならない。

〈 说、 一 层、 下楼、 站台、 得 下 好 几 层 〉

开会	kāi//huì	会議をする
截稿	jiégǎo	原稿を締め切る
聊	liáo	おしゃべりする、雑談する
家属区	jiāshǔ qū	（会社などの）家族寮の団地
半天	bàntiān	半日；長い時間
层	céng	…階

6. 和文中訳：中国語に訳し、漢字（簡体字）で書いてみよう。さらに②③④⑤は下線部を他の語句に置き換えて中国語で会話してみよう。指示がある場合はそれに従うこと。

① 道中ご無事で！

訳：

② **甲：**私は音楽を聴きながら勉強するのが好きだ。あなたは？

訳：

乙：

③ **甲：**あなたの家から学校まで電車でどのくらいかかりますか。

（“从…到…”または“离”を使用すること）

訳：

乙：

④ **甲：**今から授業終了まで後どのくらいの時間がありますか。

（“从…到…”または“离”を使用すること）

訳：

乙：

⑤ **甲：**今回の試験、あなたは危うく不可になるところだった。

訳：

乙：全部私が復習しなかったせいだ。

訳：

7. 空欄補充：（ ）a.～n.内の空欄を埋め、本文の前半の内容を、第三者の視点から述べてみよう。下線部イ.～ヘ.には下記［ ］内の語を入れること。

田中回东京（a.　　　　　），近东和自敏（b.　　　）她去（c.　　　　　）。

イ.______田中中途（d.　　　　　　　　　），ロ.______他们（e.　　　　　）没

（f.　　　　）机场大巴（dàbā：バス）。ハ.______没（g.　　　　）这趟，下一趟得

再等（h.　　　　　　）。ニ.________，到机场（i.　　　　）时间就比较（j.　　　）

了。ホ.________幸亏上大巴以前，近东让田中再（k.　　　　　　　　）。

ヘ.________田中就（l.　　）护照（m.　　　　）里了。真是（n.　　　　　）！

［ 如果、 不过、 因为、 所以、 要不然（yàoburán：さもなければ）

这样 一 来（zhèyàng yì lái：そうすると） ］

8. 作文練習：もう少しで取り返しのつかないことになるというような、ひやっとした経験を述べてみよう。

086

（文例）

上　高中　的 时候，有 一 次，我 一边 看 手机 一边　过 马路。
Shàng gāozhōng de shíhou, yǒu yí cì,　wǒ yìbiān kàn shǒujī yìbiān guò mǎlù.

这 时候，一 辆　车　向　我 开了过来。 当时　我　差点儿　被 车
Zhè shíhou, yí liàng chē xiàng wǒ kāileguolai. Dāngshí wǒ　chàdiǎnr bèi chē

撞到，　　幸亏　司机 及时 刹车 了。虽然 我 被 司机 骂了 一 顿，
zhuàngdào, xìngkuī sījī　jíshí　shāchē le. Suīrán wǒ bèi sījī　màle yí dùn,

但 现在　想起来，　真 是　不幸中　的 万幸。
dàn xiànzài xiǎngqilai,　zhēn shì búxìngzhōng de wànxìng.

◇語彙◇

有 一 次：有る時

虽然：…けれども

第十八课　你想去哪儿咱们就去哪儿。

文法ポイント："越来越"、　二重目的語構文、　"不怎么"、
"一点儿＋都/也＋否定表現"、　疑問詞連鎖

087

■生 词■

好久不见	hǎo jiǔ bú jiàn	〈慣用句〉お久しぶり
哪壶不开提哪壶	nǎ hú bù kāi tí nǎ hú	〈諺〉相手の触れられたくない話題を取り上げる
话说回来	huà shuōhuilai	（話題転換）そういえば、ところで
因为	yīnwèi	なぜなら
明后天	mínghòutiān	明日あさって
浅草	Qiǎncǎo	〈地名〉浅草
转	zhuàn	ぶらぶらする
萌	méng	〈新語〉萌え、可愛らしい
一直	yìzhí	ずっと
护肤品	hùfūpǐn	スキンケア用品
干吗	gàn má	〈カジュアル〉何をするか

1. 並べ替え： ［ ］内の単語に単音節語を一語加えて、日本語の意味になるように単語を並べ替えて文を完成しよう。

① あなたが着たければ私のを貸すよ。

［ 你、你、我、穿、想、的话、的 ］

____

② 明日あさってから人がますます多くなる。

［ 人、明后天、多、开始、了、就、从、越、越 ］

____

③ 私が彼にさせることは、彼が全てやってくれる。

［ 我、他、他、干、干、就、吗、吗 ］

____

④ 私は自分ではちっとも気づかなかった。

［ 我、一点儿、发现、自己、也 ］

____

⑤ 最近あまり着ていない。

［ 穿、最近、没、怎么、一直 ］

____

2. 問題１の①—⑤の文を会話として成り立つように適切な位置の下線部イ.～ホ.に入れてみよう。

（羽田空港の到着ロビーにて）

田中：自敏！好 久 不 见！

自敏：哈哈，也 不 怎么 久。欸？你（a.　　　　　　　　　　）？

田中：是 吗？イ.______________________________

你 怎么 哪壶不开提哪壶 哇。

自敏：哈哈，不 好意思。

话 说回来，机场 人 这么 少（b.　　　　　　　　　　）吗？

田中：对，今天 才 二 号，

ロ.______________________________

（田中さんの自宅に向かう電車の中で）

田中：这 次 有 想 去 的 地方 吗？你 想 去 哪儿 咱们 就 去 哪儿。

自敏：反正 我 也 不 知道 哪儿 好。你 说 去 哪儿 就 去 哪儿 吧。

田中：那 咱们 明天 去 浅草 转转 吧。那儿 过年 比较 热闹。

自敏：好 啊！我 看 网上 说（c.　　　　　　　　　　），

看 照片 特别 萌。

田中：ハ.______________________________

不过 ニ.__________________________ 得 找找。

自敏：那 太 好 了！

对 了，我 得 去 趟 药妆店，（d.　　　　　　　　　　　　　　　）。

田中：没 问题，你 想 买 多少 买 多少。

回去 的 时候（e.　　　　　　　　　　　　　　　　　）。

自敏：不用 了 吧。太 麻烦 你 爸 了。

田中：没 事儿。我 爸 听 我 的，ホ.________________________

088

3. 会話を聞き、以下の質問に対する回答を簡体字で書いてみよう（同時に問題 4 に取り組んでみよう）。

① 田中 不 想 让 自敏 提 什么 事儿？

____

② 机场 人 多 不 多？为 什么？

____

③ 自敏 想 在 浅草 做 什么？

____

④ 自敏 为 什么 要 去 药妆店？

____

⑤ 自敏 回 国 的 时候 可能 怎么 去 机场？

____

088

4. 会話を聞き、問題 2 の（　）a.～e.の中に入る語句を簡体字で書き取ってみよう。

5. 置き換え練習：下線部をほかの語句に置き換えて、ペアで会話練習をしてみよう。（枠内の A B の日本語の意味になるように〈 〉内の語句を適切な順番で下線部に置き換え、文を作ること。）

⑴ A：你① 是 不 是 胖了 一点儿②？

B：是 吗？ 我 自己③ 一点儿 也 没 发现④。

①	刚才	那 个 网红	你 爱人
②	地震 了	出事儿 了	生气 了
③	站着	我 对 她	我
④	没 感觉到	不 感 兴趣	没 看出来

A：あなたの携帯はもう古すぎるんじゃないの。

B：そうなの。使っていてちっとも不便に感じていないけど。

〈 用着、 太 旧 了、 你 的 手机、 没 觉得 不 方便 〉

地震	dìzhèn	地震（が起きる）
感觉	gǎnjué	…と感じる、…と思う
网红	wǎnghóng	〈新語〉ネットインフルエンサー
出事儿	chū//shìr	事故や不祥事が起こる
生气	shēng//qì	怒る、腹が立つ

⑵ A：机场 人 这么 少① 是 因为 过年② 吗？

B：对，今天③ 才 二 号④，从 明后天⑤ 开始 就 越来越 多⑥ 了。

①	你 以前 那么 瘦	房价 这么 贵	你 成绩 这么 好
②	吃得 少	有 泡沫	杨 老师 的 指导
③	初中 的 时候	二十 年 前	以前 的 成绩
④	七十 多 斤	十 分 之 一 的 价格	将将 及格
⑤	高中	北京 奥运会	杨 老师 教 我们
⑥	文脈にもとづき、適当な形容詞を入れなさい。		

A：こんなに暑いのは梅雨が終わったからですか。

B：そうだね。先週は二十数度しかなかったが、
今週からはますます暑くなってきたね。

〈上 周、这 周、二十 多 度、梅雨 过去 了、天气 这么 热〉

初中	chūzhōng	中学校
房价	fángjià	家の値段
泡沫	pàomò	泡；〈喩〉バブル
…分之…	…fēnzhī…	～分の～
奥运会	Ào-Yùn-Huì	オリンピック競技大会
指导	zhǐdǎo	指導（する）
将将	jiāngjiāng	ギリギリ、かつかつ
梅雨	méiyǔ	梅雨
过去	guòqu	（時期・状態が）過ぎる、終わる
天气	tiānqì	天気

⑶ A：你 想 去 哪儿① 咱们 就 去 哪儿①。

B：反正 我 也 不 知道 哪儿 好②，

你 说 去 哪儿③ 就 去 哪儿① 吧。

① 几 点 去	让 谁 来	买 几 种
② 我 今天 没 安排	谁 来 都 一样	种类 也 不 多
③ 你 几 点 合适	谁 想 来	有 几 种

A：私たちは、あなたの好きな行き方で行こう。

B：どうせ時間に余裕があるから、安い行き方で行こう。

〈 怎么 去、 怎么 去 便宜、 时间 也 不 紧 〉

种类	zhǒnglèi	種類

⑷ A：看 网上① 说 浅草 能 租 和服②。

B：你 想 穿③ 的 话 借④ 你 我 的⑤。

不过 最近 没 怎么 穿③过，得 找找⑥。

① 听 老师	听 小张	看 主页上
② 老舍 的 小说 很 好	你 会 说 韩语	得 先 注册 账号
③ 看	说	用
④ 给	教	告诉
⑤ 一 本 精选集	几 句	我 的 账号 和 密码
⑥ 找找	回忆回忆	试试 对 不 对

A：李さんの話によるとあなたは車を 3 台所有しているらしいね。

B：乗りたいなら一台（有償で）貸すよ。でも最近あまり乗っていないから、ちょっと慣らし運転をしておかないと。

〈 开、 租、 一 辆、 听 小李、 磨合磨合、 你 有 三 辆 车 〉

老舍	Lǎoshě	〈作家名〉老舍
精选集	jīngxuǎnjí	名作選
韩语	Hányǔ	韓国語
回忆	huíyì	回想する、思い出す
主页	zhǔyè	ホームページ
密码	mìmǎ	暗証番号
磨合	móhé	協議し調整する；（車の）慣らし運転をする

6. 和文中訳：中国語に訳し、漢字（簡体字）で書いてみよう。さらに③④は下線部を他の語句に置き換えて中国語で会話してみよう。指示がある場合はそれに従うこと。

① "越来越"を使って身の回りの変化を述べてみよう。

② 乙の返答を引き出すような発話を書いてみよう。

甲：

乙：どうして嫌なことばかり言うの。〈慣用句〉

訳：

③ 甲：私はあまり遅刻したことがないが、あなたは？

訳：

乙：

（ヒント："经常"、"比较 常"などを用いることもできる）

④ 甲：あなたは来学期何の授業を履修したいですか。

（选 课 xuǎn kè：授業を履修する）

訳：

乙：面白い授業を履修したい。　（「疑問詞連鎖」を使って訳す）

訳：

7. 空欄補充：（　）a.～z.内の空欄を埋め、本文の前半の内容を、第三者の視点から述べてみよう。下線部イ.～ヘ.には下記［　］内の語を入れること。

自敏（a.　　）了东京，田中来（b.　　　）（c.　　　）她。自敏イ.______田中是不是（d.　　）了（e.　）,但田中说她自己（f.　　　）也（g.　　）。

今天（h.　　）二号，ロ.______机场人（i.　　　　），从三四号（j.　　　　）人就（k.　　　　　）多了。明天，田中ハ.______带自敏去浅草（l.　　　　）。自敏想（m　　　　），ニ.______她看过（n.　　　），觉得特别（o.　　）。田中ホ.______借自敏她的（p.　　　　），ヘ.______她最近没（q.　　　）穿过，得（r.　　　）。

自敏要去一趟（s.　　　　）给她妈妈买（t.　　　　　），田中让她想（u.　　　　）就（v.　　　　），因为自敏（w.　　　）的时候，田中打算（x.　　）她爸爸（y.　　）车（z.　　）自敏到机场。

［ 不过、 因为、 所以、 打算、 问、答应（dāying：承諾する） ］

8. 作文練習：ある物事の変化をテーマに作文してみよう。

089
（文例）

中 日 交流
Zhōng-Rì jiāoliú

近年来， 中国 经济 越来越 发达，来 日本 旅游 和 购物 的 中国人
Jìnniánlái, Zhōngguó jīngjì yuèláiyuè fādá, lái Rìběn lǚyóu hé gòuwù de Zhōngguórén
也 越来越 多 了。随着 中国人 对 日本 的 了解 越来越
yě yuèláiyuè duō le. Suízhe Zhōngguórén duì Rìběn de liǎojiě yuèláiyuè
深， 喜欢 和 憧憬 日本 文化 的 中国人 也 越来越 多 了。
shēn, xǐhuan hé chōngjǐng Rìběn wénhuà de Zhōngguórén yě yuèláiyuè duō le.

另 一 方面， 随着 中国 的 国际 影响力 越来越 大，
Lìng yì fāngmiàn, suízhe Zhōngguó de guójì yǐngxiǎnglì yuèláiyuè dà,
到 中国 留学 或 工作 的 日本人 越来越 多， 中文 在 日本 也
dào Zhōngguó liúxué huò gōngzuò de Rìběnrén yuèláiyuè duō, Zhōngwén zài Rìběn yě
越来越 有 人气 了。
yuèláiyuè yǒu rénqì le.

虽然 中 日 两国 间 还 有 很 多 问题， 但是 随着 全球
Suīrán Zhōng-Rì liǎngguó jiān hái yǒu hěn duō wèntí, dànshì suízhe quánqiú
一体化 越来越 深入，未来 两国 间 的 交流 一定 会 越来越
yìtǐhuà yuèláiyuè shēnrù, wèilái liǎngguó jiān de jiāoliú yídìng huì yuèláiyuè
频繁。
pínfán.

◇語彙◇

近年来：近年
发达：発達している
购物：買い物
随着：につれて
憧憬：憧れる
另一方面：その一方
国际：国際
影响力：影響力
全球一体化：グロバリーゼーション
深入：深まる
频繁：頻繁

◆ 語彙索引 ◆

- 本テキスト本編収録の語句をピンインのアルファベット順に配列する。
- 数字は課を表す。

大山桥东	Dàshānqiáodōng	6
大厅	dàtīng	4
大碗	dàwǎn	10
待会儿	dāihuǐr	6
戴 高帽	dài gāomào	12
带 孩子	dài háizi	14
带 情绪	dài qíngxù	13
带薪假	dàixīnjià	12
单位	dānwèi	3
担心	dān//xīn	7
胆量	dǎnliàng	12
当	dāng	14
到	dào	3, 6, 7,12
倒	dào	7
道	dào	9
灯会	dēnghuì	16
登机口	dēngjī kǒu	17
等	děng	1, 17
低	dī	9
底	dǐ	13
底气	dǐqì	7
地方	dìfang	3
地铁	dìtiě	5
地震	dìzhèn	18
点名	diǎn//míng	12
点子	diǎnzi	2
电	diàn	6
电车	diànchē	12
电话	diànhuà	1
电视	diànshì	4
电影	diànyǐng	2
电源	diànyuán	16
电子	diànzǐ	8
钓	diào	4
顶	dǐng	9
定	dìng	14
丢人	diūrén	6
东西	dōngxi	3
东东	Dōngdong	16
懂行	dǒngháng	10
动笔	dòng//bǐ	13
豆瓣酱	dòubànjiàng	11
堵	dǔ	9
度	dù	9
短	duǎn	9
锻炼	duànliàn	3
对	duì	2, 13
对……来说	duì……láishuō	14
对了	duìle	1
对象	duìxiàng	2
对折	duìzhé	11
顿	dùn	6
多亏	duōkuī	17
躲开	duǒkai	17

E

饿	è	6
欸	éi	4, 5

F

发	fā	7
罚	fá	17
法律	fǎlǜ	1
翻译	fānyì	7
烦	fán	14

反复	fǎnfù	14
梵蒂冈	Fàndìgāng	15
范围	fànwéi	13
方便	fāngbiàn	5
方便面	fāngbiànmiàn	5
方面	fāngmiàn	10
房价	fángjià	18
房子	fángzi	15
饭馆儿	fànguǎnr	3
费劲	fèi//jìn	6
分担	fēndān	15
…分之…	…fēnzhī…	18
份儿	fènr	15
丰富	fēngfù	8
风景	fēngjǐng	1
奉承	fèngcheng	12
服从	fúcóng	15
服务	fúwù	8
辅导	fǔdǎo	11
付款	fù//kuǎn	8
复习	fùxí	12
复印	fùyìn	9
富余	fùyu	17
复杂	fùzá	7

G

改	gǎi	13
盖子	gàizi	15
干燥	gānzào	10
擀	gǎn	11
赶	gǎn	12
感觉	gǎnjué	14, 18
赶明儿	gǎnmíngr	8
干	gàn	4
干 吗	gàn má	16, 18
高峰	gāofēng	10
高速公路	gāosù gōnglù	12
高铁	gāotiě	10
搞	gǎo	16
歌词	gēcí	9
隔开	gékāi	15
各位	gèwèi	15
个子	gèzi	16
给	gěi	10
根据	gēnjù	3
跟上	gēnshang	11
跟 团	gēn tuán	5
更	gèng	9
公交车	gōngjiāochē	3
公交卡	gōngjiāo kǎ	5
公里	gōnglǐ	15
功能	gōngnéng	11
工薪 阶层	gōngxīn jiēcéng	14
公园	gōngyuán	2
工学	gōngxué	1
工资	gōngzī	12
工作	gōngzuò	2
共享单车	gòngxiǎng dānchē	3
狗	gǒu	1
够	gòu	9
古文化街	GǔwénhuàJiē	16
怪	guài	17
关	guān	13
观点	guāndiǎn	9

关键	guānjiàn	17
光	guāng	13
规矩	guīju	14
国外	guówài	2
过	guo	7
锅	guō	11
锅子	guōzi	16
过	guò	6
过敏	guòmǐn	1
过年	guò//nián	13
过去	guòqu	18
过头	guò//tóu	12

H

HSK	HSK	14
HSKK	HSKK	14
哈	hā	6
还	hái	10
还是	háishi	3
还 行	hái xíng	7
海淀黄庄	Hàidiànhuángzhuāng	6
海淀路东口	hǎidiànlùdōngkǒu	6
寒暑假	hánshǔjià	7
韩语	Hányǔ	18
汉字	Hànzì	8
好	hǎo	1, 15
好吃	hǎochī	5
好喝	hǎohē	4
好 久 不 见	hǎo jiǔ bú jiàn	18
好看	hǎokàn	4
好听	hǎotīng	7
好 用	hǎo yòng	10
好在	hǎozài	17
号	hào	2
合适	héshì	8
黑色	hēisè	14
红叶	hóngyè	1
后来	hòulái	5
后怕	hòupà	17
后天	hòutiān	2
糊	hú	6
护肤品	hùfūpǐn	18
护照	hùzhào	2
滑冰	huá//bīng	11
画家	huàjiā	14
话说	huàshuō	6
话 说回来	huà shuōhuilai	18
换	huàn	6
黄色	huángsè	3
回	huí	1
回复	huífù	9
回民街	Huímín Jiē	15
回头	huítóu	8
茴香	huíxiāng	10
回忆	huíyì	18
婚姻	hūnyīn	14
活动	huódòng	6
火	huǒ	6
火锅	huǒguō	16
火灾	huǒzāi	17
或	huò	12

J

基本功	jīběngōng	14

基本上	jīběnshang	8
基础	jīchǔ	14
机会	jīhuì	3
激烈	jīliè	15
级	jí	14
急事	jíshì	12
挤	jǐ	10
系	jì	11
计划	jìhuà	16
继续	jìxù	12
加	jiā	1
家	jiā	8
夹	jiā	17
家电量贩店	jiādiàn liàngfàndiàn	8
家属区	jiāshǔ qū	17
家庭	jiātíng	3
家务	jiāwù	16
贾 国强	Jiǎ Guóqiáng	1
嫁	jià	17
价格	jiàgé	9
减	jiǎn	5
简单	jiǎndān	7
减肥	jiǎn//féi	14
检票	jiǎnpiào	15
检票口	jiǎnpiàokǒu	4
见	jiàn	2
见面	jiàn//miàn	6
见面礼	jiànmiànlǐ	16
健身房	jiànshēnfáng	1
将将	jiāngjiāng	18
讲	jiǎng	11
讲解	jiǎngjiě	11
酱油	jiàngyóu	3
交规	jiāoguī	14
叫	jiào	1, 3
教学楼	jiàoxuélóu	3
接	jiē	8
接待	jiēdài	16
接近	jiējìn	11
街景	jiējǐng	1
结实	jiēshi	4
接受	jiēshòu	10
结果	jiéguǒ	12
结婚	jié//hūn	1
截稿	jiégǎo	17
解释	jiěshi	11
借	jiè	4
介绍	jièshào	7
金刚	Jīngāng	1
金 贤英	Jīn Xiányīng	12
紧	jǐn	7
尽量	jǐnliàng	11
进展	jìnzhǎn	7
经济	jīngjì	1
京剧	Jīngjù	10
精神	jīngshen	7
精选集	jīngxuǎnjí	18
经验	jīngyàn	8
景点	jǐngdiǎn	8
竞争	jìngzhēng	15
久	jiǔ	6
酒店	jiǔdiàn	8
就	jiù	5
就业	jiù//yè	15

距离	jùlí	8
绝版	juébǎn	13
觉得	juéde	8
决定	juédìng	7

K

咖啡厅	kāfēitīng	8
卡	kǎ	5
卡拉 OK	kǎlā OK	2
卡特	Kǎtè	12
卡通	kǎtōng	1
开	kāi	2,3,6,11
开会	kāi//huì	17
开朗	kāilǎng	9
开通	kāitōng	2
开始	kāishǐ	2, 5
开往	kāiwǎng	15
看来	kànlái	8
看起来	kànqilai	13
抗拒	kàngjù	14
考虑	kǎolǜ	9
考上	kǎoshang	14
烤鸭	kǎoyā	8
考研	kǎo//yán	14
渴	kě	6
可爱	kě'ài	4
可不	kěbu	15
可能	kěnéng	10
客户	kèhù	16
客人	kèren	2
课文	kèwén	5
空	kōng	4
孔	kǒng	11
空白	kòngbái	11
空儿	kòngr	2
口	kǒu	1
口袋	kǒudai	6
扣	kòu	12
夸	kuā	11
快	kuài	5
款	kuǎn	10
旷课	kuàng//kè	12
困难	kùnnan	7

L

垃圾桶	lājī tǒng	15
辣油	làyóu	3
来	lái	10
劳烦	láofán	8
劳驾	láojià	8
老少咸宜	lǎo shào xián yí	16
老舍	Lǎoshě	18
老师	lǎoshī	1
冷静	lěngjìng	13
理解	lǐjiě	11
礼物	lǐwù	16
理由	lǐyóu	12
厉害	lìhai	6
历史	lìshǐ	1
俩	liǎ	10
联系	liánxì	3
脸书	Liǎnshū	1
练	liàn	7
凉快	liángkuai	13

两边	liǎngbiān	11
聊	liáo	17
辽阔	liáokuò	1
了	liǎo	10
了解	liǎojiě	14
列车	lièchē	15
淋浴	línyù	7
零	líng	1
留	liú	4, 11
录	lù	13
路过	lùguò	15
路考	lùkǎo	14
路上	lùshang	7
路线	lùxiàn	6
乱	luàn	15
轮	lún	15
论文	lùnwén	7
旅客	lǚkè	15

M

麻烦	máfan	6
麻辣香锅	málàxiāngguō	10
马路	mǎlù	4
马上	mǎshàng	15
麦当劳	Màidāngláo	2
满	mǎn	6
慢	màn	7
猫	māo	1
茅台酒	Máotáijiǔ	16
毛衣	máoyī	8
帽子	màozi	9
没 想到	méi xiǎngdào	15
没有 没有	méiyou méiyou	7
梅雨	méiyǔ	18
美美	měiměi	14
门槛儿	ménkǎnr	10
门口儿	ménkǒur	3
门铃	ménlíng	16
门票	ménpiào	2
萌	méng	18
米饭	mǐfàn	10
米津	Mǐjīn	11
密码	mìmǎ	18
勉强	miǎnqiǎng	7
面	miàn	6
面试	miànshì	8
敏感	mǐngǎn	14
明后天	mínghòutiān	18
明天	míngtiān	1
名字	míngzi	1
磨合	móhé	18
模拟题	mónǐ tí	14
摩托车	mótuōchē	5
末	mò	11
默默	mòmò	14
莫言	Mòyán	10
某	mǒu	12

N

哪壶不开	nǎ hú bù kāi	18
提哪壶	tí nǎ hú	
哪 天	nǎ tiān	8
那 英	Nà Yīng	10
耐力	nàilì	7

耐心	nàixīn	14
难倒	nándǎo	14
男朋友	nánpéngyou	1
难受	nánshòu	13
难听	nántīng	16
闹钟	nàozhōng	6
内容	nèiróng	12
能力	nénglì	10
嗯	ng	8
年龄	niánlíng	13
年轻	niánqīng	16
捏	niē	11
牛羊肉	niú yáng ròu	15
农学	nóngxué	1
农业展览馆	Nóngyèzhǎnlǎnguǎn	6
弄	nòng	6
诺贝尔奖	Nuòbèi’ěrJiǎng	10
女朋友	nǚpéngyou	1
女士	nǚshì	2

O

哦	ò	1
偶像	ǒuxiàng	1

P

攀岩	pānyán	7
泡澡	pào//zǎo	7
陪	péi	13
配合	pèihé	15
烹饪	pēngrèn	7
朋友	péngyou	1
碰	pèng	6
皮儿	pír	11
篇	piān	4
漂亮	piàoliang	8
拼音	pīnyīn	8
平	píng	11
平方	píngfāng	15
苹果	Píngguǒ	10
破费	pòfèi	16
普洱	pǔ’ěr	10
普通话	Pǔtōnghuà	7

Q

期待	qīdài	15
七九八	Qījiǔbā	5
骑	qí	3
其实	qíshí	11
其他	qítā	8
气候	qìhòu	10
千钧一发	qiān jūn yí fà	17
谦虚	qiānxū	7
签证	qiānzhèng	2
钱	qián	2
前门	Qiánmén	6
潜质	qiánzhì	14
浅草	Qiǎncǎo	18
强	qiáng	10
抢	qiǎng	13
瞧	qiáo	16
窍门儿	qiàoménr	11
切	qiē	11
清华	Qīnghuá	14
清酒	qīngjiǔ	16
请	qǐng	2

取	qǔ	5
娶	qǔ	13
去	qù	1
全国	quánguó	15
全聚德	Quánjùdé	8
确实	quèshí	9

R

热	rè	4
人家	rénjia	16
人脉	rénmài	2
人民币	Rénmínbì	15
人气	rénqì	9
忍耐力	rěnnàilì	2
人物	rénwù	1
认	rèn	17
认识	rènshi	1
认证	rènzhèng	3
日语	Rìyǔ	1
容易	róngyì	11
肉菜	ròucài	9
入乡随俗	rù xiāng suí sú	15

S

洒	sǎ	6
塞翁失马	Sàiwēng shī mǎ	17
焉知非福	yān zhī fēi fú	
三里屯	Sānlǐtún	6
三元桥	Sānyuánqiáo	6
散步	sàn//bù	3
嗓音	sǎngyīn	7
涩谷	Sègǔ	3
刹车	shā//chē	17
晒	shài	10
商场	shāngchǎng	2
商务	shāngwù	10
上	shàng	13
上 厕所	shàng cèsuǒ	12
上网	shàng//wǎng	3
上午	shàngwǔ	2
上下班	shàngxià//bān	3
稍	shāo	1
烧	shāo	16
少	shǎo	9
设	shè	6
设计	shèjì	9
社交 距离	shèjiāo jùlí	15
身份	shēnfèn	3
身高	shēngāo	3
身上	shēnshang	5
升	shēng	9
生词	shēngcí	12
生气	shēng//qì	18
声音	shēngyīn	7
声乐	shēngyuè	7
省事儿	shěng//shìr	5
圣诞	Shèngdàn	16
剩下	shèngxià	11
实名	shímíng	3
食堂	shítáng	1
实体店	shítǐdiàn	3
时尚	shíshàng	9
试	shì	4
市场	shìchǎng	14
适合	shìhé	14

事儿	shìr	2
试衣间	shìyījiān	4
收	shōu	7, 9
收拾	shōushi	16
首尔	Shǒu'ěr	13
手头儿	shǒutóur	7
瘦	shòu	5
受 欢迎	shòu huānyíng	12
寿司	shòusī	16
输	shū	8
书店	shūdiàn	2
舒服	shūfu	4
输入	shūrù	11
书写	shūxiě	14
熟悉	shúxi	14
数落	shǔluo	13
数学	shùxué	1
水花儿	shuǐhuār	11
水面	shuǐmiàn	11
睡觉	shuì//jiào	3
顺便	shùnbiàn	15
说	shuō	3
硕士生	shuòshìshēng	1
思路	sīlù	7
死	sǐ	15
四周	sìzhōu	11
送	sòng	16
速度	sùdù	7
宿舍	sùshè	1
蒜	suàn	5
算	suàn	11
算了	suànle	3
孙 悟空	Sūn Wùkōng	1
所谓	suǒwèi	15
所以	suǒyǐ	10

T

T 恤	T-xù	9
台北	Táiběi	16
谈恋爱	tán liàn'ài	2
趟	tàng	17
套餐	tàocān	9
特别	tèbié	4, 10
特辣	tèlà	10
特展	tèzhǎn	16
踢	tī	5
题	tí	9
提	tí	13
体育场	tǐyùchǎng	2
体育馆	tǐyùguǎn	3
天气	tiānqì	18
田径	tiánjìng	7
田中 美结	Tiánzhōng Měijié	1
挑	tiāo	4
听	tīng	4
听话	tīnghuà	4
听力	tīnglì	14
听说	tīng//shuō	8
停车位	tíngchēwèi	2
通宵	tōngxiāo	12
同时	tóngshí	14
同屋	tóngwū	6
同学	tóngxué	7
头儿	tóur	15

头像	tóuxiàng	1
推荐	tuījiàn	9
推特	Tuītè	1
拖延症	tuōyánzhèng	13

W

外卖	wàimài	3
晚辈	wǎnbèi	2
晚点	wǎn//diǎn	12
晚饭	wǎnfàn	2
万幸	wànxìng	17
王府井	Wángfǔjǐng	6
王 近东	Wáng Jìndōng	1
网	wǎng	4
网红	wǎnghóng	18
网球	wǎngqiú	5
网速	wǎngsù	8
微博	wēibó	1
微辣	wēilà	10
危险	wēixiǎn	13
微信	Wēixìn	1
微信支付	Wēixìn Zhīfù	10
喂	wéi	2
违规	wéi//guī	13
围巾	wéijīn	10
维稳	wéi//wěng	15
味道	wèidao	9
温度	wēndù	9
闻	wén	9
文凭	wénpíng	8
文物	wénwù	16
稳定	wěndìng	8
吴 自敏	Wú Zìmǐn	1
午饭	wǔfàn	2
物美价廉	wù měi jià lián	16

X

西单	Xīdān	6
西药	xīyào	8
喜欢	xǐhuan	1
系	xì	1
虾	xiā	16
下	xià	11
吓	xià	15
下 车	xià chē	6
下午	xiàwǔ	2
下 雨	xià yǔ	10
下载	xiàzài	10
线	xiàn	6
陷害	xiànhài	12
现金	xiànjīn	3
馅儿	xiànr	10
香	xiāng	9
香 饽饽	xiāng bōbo	12
相仿	xiāngfǎng	13
香山	Xiāngshān	6
香味	xiāngwèi	11
像样	xiàng//yàng	16
小	xiǎo	4
小菜一碟	xiǎo cài yì dié	14
小独栋	xiǎodúdòng	15
小路	xiǎolù	9
小区	xiǎoqū	2
孝敬	xiàojìng	16

校内	xiào nèi	7
校园	xiàoyuán	2
校园卡	xiàoyuán kǎ	10
歇	xiē	6
鞋柜	xiéguì	11
新东方	Xīndōngfāng	8
心情	xīnqíng	7
心意	xīnyì	14
新颖	xīnyǐng	9
信号	xìnhào	8
信息	xìnxī	12
信心	xìnxīn	14
信用卡	xìnyòngkǎ	3
行	xíng	2
醒	xǐng	12
幸福	xìngfú	14
性格	xìnggé	3
幸好	xìnghǎo	6
性价比	xìngjiàbǐ	9
幸亏	xìngkuī	17
胸无大志	xiōng wú dà zhì	1
熊猫	xióngmāo	8
修	xiū	6
休息室	xiūxishì	4
休息站	xiūxizhàn	12
需要	xūyào	2
许多	xǔduō	3
悬	xuán	17
选	xuǎn	9
学	xué	4
学期	xuéqī	5
学习	xuéxí	7
训练	xùnliàn	16

Y

压力	yālì	7
哑铃	yǎlíng	10
颜值	yánzhí	16
演出	yǎnchū	2
养	yǎng	4
要	yào	3
要不	yàobu	13
药妆店	yàozhuāngdiàn	16
医学	yīxué	1
一定	yídìng	14
一共	yígòng	10
一会儿	yíhuìr	4
一居室	yìjūshì	15
一下	yíxià	5
以前	yǐqián	18
一般	yìbān	3
一点儿	yìdiǎnr	6
意见	yìjiàn	16
一起	yìqǐ	2
艺术	yìshù	10
一些	yìxiē	4
抑郁	yìyù	7
一直	yìzhí	18
音色	yīnsè	7
因为	yīnwèi	18
银行	yínháng	2
引发	yǐnfā	17
饮料	yǐnliào	8
营业	yíngyè	2

营业厅	yíngyètīng	8
哟	yō	1
勇气	yǒngqì	2
用	yòng	3
优秀	yōuxiù	16
优衣库	Yōuyīkù	4
邮箱	yóuxiāng	12
有备无患	yǒu bèi wú huàn	17
有效	yǒuxiào	5
有意思	yǒu yìsi	4
鱼缸	yúgāng	4
余华	Yú Huá	14
语伴	yǔbàn	1
语法	yǔfǎ	7
羽生	Yǔshēng	11
语音	yǔyīn	11
阅读	yuèdú	14
晕过去	yūnguoqu	17
运营商	yùnyíngshāng	8

Z

……再 说	zài shuō	10
脏	zāng	6
早饭	zǎofàn	5
造句	zào//jù	12
造诣	zàoyì	14
渣男	zhānán	17
扎实	zhāshi	14
摘	zhāi	9
站	zhàn	3
蘸	zhàn	3
占	zhàn	13
站员	zhànyuán	15
涨价	zhǎng//jià	17
掌握	zhǎngwò	12
长相	zhǎngxiàng	3
账号	zhànghào	1
招	zhāo	5
招待	zhāodài	16
着急	zháo//jí	7
着凉	zháo//liáng	13
找	zhǎo	3
找人	zhǎo//rén	15
照片	zhàopiàn	1
赵 卫红	Zhào Wèihóng	16
真	zhēn	4
珍珠奶茶	zhēnzhū nǎichá	9
睁眼	zhēng//yǎn	6
整容	zhěng//róng	17
正常	zhèngcháng	12
正好儿	zhènghǎor	6
证件	zhèngjiàn	3
知道	zhīdao	2
支付	zhīfù	3
支付宝	Zhīfùbǎo	2
直飞	zhífēi	13
直线	zhíxiàn	15
只	zhǐ	6
指导	zhǐdǎo	18
至少	zhìshǎo	14
中关园	Zhōngguānyuán	6
中国电信	Zhōngguó Diànxìn	8
中间	zhōngjiān	11
中辣	zhōnglà	10

钟头	zhōngtóu	4
中途	zhōngtú	17
中碗	zhōngwǎn	10
中文	Zhōngwén	1
中午	zhōngwǔ	2
中药	zhōngyào	8
种类	zhǒnglèi	18
重	zhòng	8
重点	zhòngdiǎn	11
周	zhōu	7
周末	zhōumò	7
煮	zhǔ	5
主路	zhǔlù	9
主页	zhǔyè	18
住	zhù	11
注意	zhùyì	11
抓	zhuā	11
转机	zhuǎn//jī	13
赚	zhuàn	13
转	zhuàn	18
资料	zīliào	10
自己	zìjǐ	1
自习	zìxí	3
自行车	zìxíngchē	3
自愿	zìyuàn	7
自助餐	zìzhùcān	2
棕色	zōngsè	14
总算	zǒngsuàn	10
走	zǒu	9
走路	zǒu//lù	3
走之	zǒuzhī	1
足	zú	7
足够	zúgòu	9
足球	zúqiú	5
组织	zǔzhī	12
钻 牛角尖儿	zuān niújiǎojiānr	7
最	zuì	9
最好	zuìhǎo	14
最近	zuìjìn	7
坐	zuò	3
做	zuò	16
作家	zuòjiā	10
座儿	zuòr	10
座位	zuòwèi	4
作业	zuòyè	4

毛 興 華（東京大学 特任准教授）

「聴・説・読・写」で中国語を身につけよう

初修中国語 演習テキスト　　音声ダウンロード

2023年 3 月 28日　初版発行
2024年 3 月 25日　第2刷発行

著　者　毛興華

発行者　佐藤和幸

発行所　白 帝 社
〒171-0014　東京都豊島区池袋 2-65-1
電話　03-3986-3271　　FAX　03-3986-3272
info@hakuteisha.co.jp　https://www.hakuteisha.co.jp/

印刷・製本 大倉印刷㈱

Printed in Japan〈検印省略〉6914　　ISBN978-4-86398-555-1